岩佐 義樹

Yoshiki Iwasa

失礼な日本語

ポプラ新書

190

はじめに

「失礼な日本語」というと、どういう言葉や場面を思い浮かべるでしょうか。

だれだって、失礼な言葉を言ったり言われたりすることはあると思います。例えば、訪問先でコーヒーか紅茶のどちらを飲みたいか問われて「コーヒーでいいです」と言ってしまうケース。「しまった、『で』では失礼だった。『コーヒーがいいです』と言い直そうか。でも『いいです』というのも失礼か。『コーヒーお願いします』の方がいい。ああっ、迷っているうちにタイミングを逃してしまった」――なんていう経験はありませんか。私だけかな?

自覚できるうちはまだしも、知らず知らずのうちに失礼な言葉遣いをして信用を失っていることも考えられます。

そもそも「失礼」とは何でしょう。「言動や態度が相手に対して礼儀を欠くこと。

無作法」（『新潮日本語漢字辞典』、新潮社）。さらに漢字そのものの成り立ちを見ると、「礼」は儀式のときに神にささげる酒から、儀礼の作法の意味になったということです。

つまり「失礼な日本語」とは、「作法に外れた日本語」といえます。そう考えると、相手を傷付けたり罵倒したりする言葉はもちろんのこと、誤字や文法的に不適切な言葉遣いも「失礼な日本語」といえるのではないでしょうか。

だからこの本では、人名の誤りや差別的表現など、いかにも失礼という例だけではなく、言葉のつながりがおかしいというような例も取り上げています。

申し遅れましたが、私は毎日新聞の校閲センターという部署で働いています。校閲とは「文書・原稿などの誤りや不備な点などをしらべること」（『岩波国語辞典』第8版、岩波書店）ですが、大事なことは、多様な読者の目に触れる前に、正確で読みやすい文章にすることです。だから基本的に人知れず仕事をする黒衣《くろご》です。

しかし、その黒衣たちがつぶやく毎日新聞校閲センターのツイッターが、2020年1月現在、7万以上のフォロワー（読者）を得ています。これだけ多くの支持を得たのも、ツイッターなどで気軽に発信する人が増えた割には、適切な言葉遣いについての知識が追い付いていないという現実がある気がします。

ツイッターやブログがきっかけになって、2017年にポプラ社から『毎日新聞・校閲グループのミスがなくなるすごい文章術』という本を出しました。おかげさまで好評のようで、今回「新書化したい」という話をいただきました。ただしタイトルを変えるということで、ポプラ社側から提示されたのが『失礼な日本語』でした。

タイトルが変わっただけで同じ内容なら、それを知らずに2冊とも買ってくださる読者に失礼です。そう思って、大幅に書き直すことにしました。

その結果、全く別の本といっても過言ではない仕上がりになっています。第1章は安倍晋三首相の言葉などを取り上げましたが、これは政治の本ではありません。ただ、目に付く例として初めに掲げたまでです。

ツイッターではもっと失礼な、というより汚い言葉を発信する人が大勢います。例えば、もう辞めましたが、ある地方自治体のトップが「てめえ」とののしったツイートがありました。「論説委員はどんな聖人君主なのか」とあてこすっていますが、それを言うなら「聖人君子」でしょう。人を呪わば穴二つ。恥という穴を掘ってしまいました。

元の本『〜すごい文章術』では「文字を大切にしないと、文字に報復される」という警句を作りました。右の例もその一つでしょう。

ただし、「報復」を強調するだけでは「不適切な言葉を使うと自分が損をするからやめよう」「間違ってさえいなければよい」という、自分の損得が第一の心構えにつながるかもしれません。

言葉のやりとりで最も重要なのは、相手を思う心です。言葉は、人によってさまざまな受け取り方があることを心得たうえで、相手の立場や事情に思いを致し、状況に応じて表現を工夫することが大事です。そうしないと、伝わらない、失礼な日本語となってしまいます。

敬語も円滑なコミュニケーションの一手段。専門用語や若者言葉など、仲間同士なら通じて当然の言葉を不特定多数の相手には使わないことも、作法の一つです。

こう書くと、堅苦しい行儀作法の指南本のように思われるかもしれませんが、私だって振り返ると、いかに不用意に失礼な日本語を発してきたか。その反省をふまえつつ、できるだけ肩の凝らない読み物として書いたつもりです。

本書が、失礼な日本語を気持ちのよい日本語へと変えるきっかけになれば幸いです。

失礼な日本語／目次

第2章

敬語は難しいけれど 35

第3章　固有名詞の怖さ

誤りはこうして防ごう　71

第4章 いわゆる差別表現 95

理解と配慮があれば

第5章　イラッとする使い方　119

第6章 「たが」の外れた文章 147

書き言葉は丁寧に

第7章 失礼ワード20選

第1章

「綸《りん》言《げん》汗のごとし」

首相の言葉チェック

「綸言《りんげん》汗のごとし」という中国の格言があります。「出た汗が体内に戻らないように、一度口に出した君主の言葉は取り消すことができない」という意味です。君主でなくても、いったん世に出た間違いや不適切発言は残ります。それが積み重なると、礼を失するというより、信用を失ってしまいます。

「失礼な日本語」の例としてまず、首相をはじめ関係者の皆さんに大変「失礼」なことを承知のうえで、首相官邸ホームページなどの文章をいくつか引用しましょう。おそらくチェックを経て、最終的に首相の言葉として出す文章でさえ、いろいろ不適切なところが目に付きます。だからこそ複数の目による文章の点検をおろそかにしてはいけないという例としてお読みいただけたらと思います。

「慎んで哀悼」？

3月11日は、大震災で犠牲となった皆様に祈りを捧げる日です。大震災によって愛する御家族を失った皆様に慎んで哀悼の誠を捧げます。（2013年3月11日の「内閣総理大臣東日本大震災二周年記者会見」冒頭発言）

本日ここに、天皇皇后両陛下の御臨席を仰ぎ、全国戦没者追悼式を挙行するにあたり、政府を代表し、慎んで式辞を申し述べます。（2016年8月15日の全国戦没者追悼式での安倍晋三首相式辞）

これは、単なる誤字の例ともいえますが、意味は全く違うことになってしまいます。誤字は「慎んで」の慎の字。正しくは「謹んで」です。「慎んで」は「控えめに」という意味ですので、控えめに哀悼や追悼をすることになってしまいます。「謹んで」は「相手を敬ってかしこまる」という意味。だから「慎んで」だと「敬意がない、失敬な」と受け取られても仕方がありません。

この例のうち後者は、2015年の全国戦没者追悼式にも全く同じ間違いがありました。2016年に指摘を受け、この式典については「謹んで」と修正されました。つまり、指摘されるまでだれも気付かなかったか、だれも直すことを進言しなかったのでしょう。しかし前者の記者会見の発言録は2020年1月になっても修正されていません。

もちろん、書き間違いはだれでも犯すものです。しかし、決まり文句で使用頻度の多い「謹んで」なのに、首相官邸スタッフのチェックが甘かったとはいえます。

しかも、菅義偉官房長官が東日本大震災に関して発した談話でもホームページでは少なくとも5回「慎んでお祈りいたします」などの誤りが繰り返されていました。そこで想像されるのは、毎年、原稿の作成者が前年の文書をパソコンでコピー・アンド・ペースト（切り張り）して、ちょこちょこっと文言を変えているのだけれど、間違いには気付かずそのままにしていたということです。被災者の心にしっかり届く言葉を練る態度とは思えません。作成者の国語力も問題ですが、追悼という厳粛な場面での、日本政府を代表した言葉となるのですから、何重ものチェックをしなければなりませんでした。

毎日新聞本紙の記事は基本的に3回校閲チェックを経ています。それでも時々致命的なミスを見逃して「訂正」記事が出てしまうことがあります。だからこそ担当者は「恐れ」をもって仕事を続けます。テレビ局でも、ニュースの字幕で誤りがあればアナウンサーがきちんとおわびして訂正します。

官邸のホームページでは「『慎んで』は『謹んで』の誤りでした」などという「訂正」を出さずに、さすがにこれはまずいと判断された誤りだけをいつの間にか直しているようです。そういうところが緊張感のなさにつながっているのかもしれません。「訂正」をさらすという形で間違いを犯すことへの恐れが共有されていれば、「謹んで」のような同じ文脈で同じ間違いを犯すはずはないと思うのですが。

原爆犠牲者に失礼な語を繰り返す

前年のあいさつ文を切り張りして手を加えること自体は否定されるべきことではないのですが、ほぼ同じとなるとさすがに問題になります。広島市での原爆死没者慰霊式・平和祈念式(8月6日)の首相あいさつが、2013年と翌年でほとんど同文でした。そして、校閲としてひっかかる言い回しまで繰り返されていました。

（原爆は）7万戸の建物を壊し、一面を、業火と爆風に浚《さら》わせ、廃墟《はいきょ》と化しました。

これだけの短い文にいくつもの問題があります。まずは「業火」ですが、『岩波国語辞典』（第8版）によると「仏教で、悪業《あくごう》が身を滅ぼすのを火にたとえていう語。また、罪人を焼き苦しめる地獄の火」という意味です。他の辞書には「はげしい火災」の意味も加えているものも少なくないので、全くの誤りともいえないのですが、何の罪もない市民を焼き殺した原爆の炎の表現として適切だとは思えません。

次に「浚わせ」の「浚う」ですが、同辞典によると「井戸・どぶ等の底にたまった土・ごみ等を、掘り上げて除く」という意味ですから、人々の生活の地をどぶやごみのように扱っているという失礼な表現です。おそらく「爆風にさらし」の間違いだろうとは思います。さすがにこの文章の筆者が「原爆がどぶさらいになって街がきれいになった」と思ったなんて曲解するつもりはありません。でも、そういう意地の悪い読み方がされても仕方がない表現が2年連続であったのです。

さらに文法上の点。「(原爆は一面を) 廃墟と化しました」というつながりがやや不自然です。また『岩波国語辞典』を引くと「化する」は自動詞にも他動詞にもなるのですが、「廃墟と化する」は自動詞の例に挙げられています。「原爆によって一面は廃墟と化しました」なら自然な文章になります。

筆者が自分の国語力を自覚するなら「身の丈」にあった言葉を選べばいいのに、このあいさつ文はやたらと古風で、しかも怪しげな言葉が目に付くので始末におえません。後の文では「犠牲と言うべくして、あまりに夥《おびただ》しい犠牲でありました」。これも意味不明な言い回しで、普通は「犠牲と言うには」としたいところです。

ところで現在、官邸ホームページの文では「浚わせ」がなぜか平仮名の「さらわせ」になっています。当初のホームページでは漢字で、読売新聞、朝日新聞などでも「浚わせ」と記されています。いつの間にか変えられたのです。「浚」はだれの判断で、なぜ平仮名になったのでしょう。可能性の一つとして考えられるのは、「攫う」つまり「奪い取る」の間違いだったということです。一度ならず二度までも「浚」で出てしまったので漢字を変えるわけにいかず、平仮名にするならまあいいだろうと官邸スタッフが考え、こっそり修正した？　――あくまでも想像です。

「能うる限り」お好き？

終戦の日の文では、次の例がありました。

> **世界の恒久平和に、能うる限り貢献し、万人が、心豊かに暮らせる世を実現するよう、全力を尽くしてまいります。（２０１３年8月15日の全国戦没者追悼式式辞）**

この例だけではなく、安倍首相は何度か「能うる限り」という文言を発しています。

しかし「能うる限り」は「能う限り」の間違いじゃなかろうか。そう思って手元の辞書を引くと「あたう」の項の用例に「――限り」とあります。もっともその例だけでは「能うる限り」が間違いとはいえないかもしれないと思い、文法で理論武装を試みました。

「あたう」は口語でワ行五段活用とあります。そこで辞書の巻末の「動詞活用表」

「五段」「ワ」のところを見ますと、「思う」が例でしたが「うる」という活用はありません。つまり「思うる限り」という日本語がないと同様に「あたうる限り」という日本語は文法上、存在しえないわけです。

念のため「あたうる限り」は間違いだと明確に断言してくれる文献はないかと探すと、ありました。『明鏡国語辞典』(第2版、大修館書店) いわく、「『能う限り』を『能うる限り・能うう限り』とするのは誤り」。

それにしても安倍首相(またはそのスピーチライター)は「できる限り」の方が断然分かりやすいのに、文章の格が下がるとお思いなのでしょうか。私は毎日新聞校閲グループ(当時。現在は「校閲センター」)の運営するホームページ「毎日ことば」などで何度かこの失礼かつ珍妙な日本語について指摘しました。その結果かどうか分かりませんが、2016年以後、広島原爆の日などの首相の慰霊の言葉に変な日本語は見つかっていません。

「あべ ふぞう」ってだれ?

しかし、官邸ホームページの別のところでとんでもない誤字が見つかりました。

皆様おはようございます。安倍普三であります。（２０１５年9月28日、対日投資セミナーの動画字幕と文）

よく見れば「晋」ではなく普通の「普」が入っています。こういう間違いは、かつて手書きの文字をパンチャーが入力する場合によくあったのですが、今ではパソコンで筆者が入力するのが普通のはずですので、どちらかといえば「安倍」が「安部」になるなどの変換ミスの方が出やすいはず。かなり珍しいケースと思っていたら……外務省のホームページでの２０１３年5月30日「イボンヌ・チャカチャカ国連ミレニアム開発目標（ＭＤＧｓ）アフリカ特別大使の安倍総理大臣表敬」という記事でも「安倍普三」の文字が残っていました。

どう入力したか分かりませんが、考えられる可能性は二つ。①何かの事情でファクスなど電子データではない原稿をだれかがスキャナーで入力し、似た字を機械が拾ったのに気付かなかった。②筆者が「しん」は「普」の字だと思い込んだ。そして、チェックした人は（もちろんだれもチェックしていないなんてことはないでしょう）

「安倍」の字は確認したかもしれませんが、まさか「晋」が入っているなんて想定外で見逃したのでしょう。

いずれにせよ、首相の名前の字が官庁で間違われるなんて信じられないことですが、実際にあるのです。前者の例は今では修正されていますが、後者の外務省の誤字は2020年2月現在、そのままになっています。

ある意味失礼？「ご静聴」

今度は、比較的最近の官邸ホームページを見てみましょう。

> **御静聴ありがとうございました。（2019年3月15日B20東京サミット閉会セッション）**

他にもいくつかの講演で、首相あいさつの終わりに出てきました。これは紛らわしいのですが「静聴」ではなく「清聴」と記すべきです。

意味は酷似しているものの、『三省堂国語辞典』（第7版、三省堂）によると、「静聴」は文字通り「しずかに聞くこと」で、「清聴」は「相手が聞いてくれることの尊敬語」。講演などでは聴衆が静かに聴くことが前提なので、わざわざ「静聴」の字を使う必要はありません。話し手が聴衆を尊敬しているかどうかはともかく、締めの言葉としては「ご清聴」が適切です。

なお、このあいさつ文には「人口知能」なんて字が出ていますが、昨今話題の「AI」のことですから、当然「人工知能」の単純な変換ミスです。AIが紙面をにぎわせるようになった頃、毎日新聞の原稿でも「人口知能」が多発した時期もありましたが、校閲も含め全社的に気を付けるようになり、この誤りは随分減りました。

このように、急激に増えてきた用語では間違いが発生しやすくなる傾向があります。先のあいさつ文には「ブレクジット」という表記もありました。英国の欧州連合（EU）離脱を表す語で、「ブレグジット」と書くのが一般的です。まあこれは間違いとは言いにくいのですが、官邸ホームページでは他はすべて「ブレグジット」だということは指摘しておきましょう。

「そもそも」の意味、どだい無理な解釈

２０１７年に国会で「そもそも」とはそもそもどんな意味かという議論がありました。きっかけは1月26日の衆議院予算委員会での首相答弁です。

「かつての共謀罪は、いわば、共謀して何人かが集まって合意に至ったらそこで共謀罪になるわけであります。今回のものは、そもそも、犯罪を犯すことを目的としている集団でなければなりません。これが全然違うんです。いわば、集団として、組織として構成されていなければいけないんです。それがまず第一ですね」

これに対し民進党（当時）の山尾志桜里さんが4月19日の衆議院法務委員会で「そもそも」を「初めから」という意味に捉え、当初オウム真理教は宗教団体だったので摘発対象外か、とただしました。首相はこう答えました。

そもそもという言葉の意味について、山尾委員は、初めからという理

解しかない、こう思っておられるかもしれませんが、そもそもという意味には、これは調べてみますと……（山尾委員「調べたんですね」と呼ぶ）辞書で調べてみますと、辞書で念のために調べてみたんですね。念のために調べてみたわけでありますが、これは基本的にという意味もあるということもぜひ知っておいていただきたい。

山尾さんの「そもそも＝初めから」という認識も一方的だと思います。しかし、「それとは違う意味なのですよ」と指摘するのはいいのですが、「辞書で念のために調べた」として「基本的にという意味もある」と答弁したのは失敗でした。「基本的に」という意味を明記した辞書は見つからないという指摘が一般の方から上がり、私も30種以上の辞書を調べました。どこにもありません。

そこで初鹿明博衆議院議員（民進党＝当時）が質問主意書を出します。

安倍総理が調べた「そもそも」の意味として「基本的に」との記載がある辞書の辞書名、出版社名及び出版年を示されたい。

政府が５月12日に閣議決定して答えたのが次の文章でした。

例えば、平成十八年に株式会社三省堂が発行した「大辞林（第三版）」には、「そもそも」について、「（物事の）最初。起こり。どだい。」等と記述され、また、この「どだい」について、「物事の基礎。もとい。基本。」等と記述されていると承知している。

これにはあぜんとしました。

私が調べた30種以上の辞書の中にも当然、『大辞林』はあり「どだい」という語釈はやや異例なものと感じていました。しかしまさかそれをもって「基本的に」と結び付けてしまうとは。私が可能性を考え、複数の読者からも指摘があったのは、インターネットの「Ｗｅｂｌｉｏ」類語辞典に「そもそも」の類語として「基本的に」があるというものでした。しかしネットの類語をもって「辞書にある意味」とみなすのは無理があると思っていました。ところが、閣議決定の答弁書はその強引さをさらに飛び越えた、文法的にも「どだい無理」な取り繕いでした。

この論法に倣えば、「そもそも」を辞書で引くと「いったい」ともある、「いったい」を引くと「一つのからだ」という意味もある、従って「そもそも」は「一つのからだ」という意味だ——という詭弁《きべん》が成り立ってしまうではありませんか。辞書を、言葉をなんだと思っているのでしょうね。

『大辞林』を刊行する三省堂辞書出版部の山本康一さんに聞きました。「確かに『そもそも』の説明に『どだい』を入れ、『どだい』の説明に『基本』を入れている。だがそうは言っても『そもそも』がすぐに『基本』と結び付くとは言いにくい」という見解でした。

別の問題ですが、首相は「念のために辞書で調べた」と強調しました。ここに主語はないものの、日本語の受け止め方として主語がないと「私は」が略されているものと普通思います。しかし、政府は5月26日の閣議で、「そもそも」の語意について「首相が自ら辞書を引いて意味を調べたものではない」とする答弁書を決定しました。これも民進党の初鹿衆議院議員の質問主意書に答えたものです。

「誤りを以《もっ》て誤りを続《つ》ぐ」という成句があります。「そもそも」騒動もそういう経過をたどったようです。三省堂の山本さんはやんわりと述べました。「言葉一語の意味をめぐって争うよりは、お互いがどういう真意を持って話しているかということを、誠意を尽くして語り合い、確かめてゆくことの方が大事だと思うし、言葉を尽くして政治を行っているという信頼につながっていくのではないでしょうか」

生きている国民に「ご冥福」

さて、2019年は首相主催の「桜を見る会」が大問題になりました。同年の首相あいさつ、つまりおそらくこれが後に騒動になるとは夢にも思っていなかったであろう首相が上機嫌で語った言葉です。

> **集まっていただいた皆さんが本当に楽しんで、楽しく過ごしていただいた、やっぱり花がなくてもお越しいただいた皆さんがすばらしければ、桜を見る会は成功します。**（2019年4月13日「総理主催『桜を見る会』の開催」）

この「皆さん」の中にだれがいたかはともかく、文言をよく読むと、ちょっと日本語としておかしいのではないかと思われる部分があります。詳しくは次の敬語の章で解説しますので、どこが変かはそれまでの宿題としましょう。

「桜を見る会」問題では、2020年1月28日の衆議院予算委員会で安倍晋三首相は、参加者を事務所が「幅広く募っているという認識で、募集しているという認識ではなかった」と答弁しました。「『募る』と『募集する』は同じ」と突っ込まれると、首相は「例えば新聞等に広告を出して『どうぞ』ということではない」と釈明しました。つまり、「募集」という言葉の条件として、新聞などに広告を出すことが必要という認識なのです。

「そもそも」の意味もそうでしたが、首相はここでも普通の辞書にない解釈でもって正当化しようとしています。でも結果は「頭が痛いが頭痛ではない」などというのと同じ珍答弁として失笑を買うことになりました。

そろそろ「粗探し」にうんざりした読者もいらっしゃるでしょうから、もう少しで首相関係の「失礼な日本語」の例を最後にします。これは誤字ではないのですが、官邸のミスの中で最も失礼と思われる例です。

日本政府を代表して、キューバ共和国政府及び同国国民、並びに御遺族の皆様に対し、ご冥福をお祈りします。（キューバのフィデル・カストロ前国家評議会議長の死去に際して首相官邸がフェイスブックで2016年11月26日に流した文章）

キューバ国民に対して「ご冥福」？ これでは、キューバ国民皆が亡くなったことになってしまいます。こんな失礼な追悼文が日本を代表して流されてしまったのでは、日本国民としてはたまったものじゃありません。インターネットで話題になり「キューバ共和国政府及び同国国民、並びに御遺族の皆様に対し」の部分は削除されました。官邸のホームページやフェイスブックで削除されても、いったん拡散されるとインターネット上には元の文章が残ってしまいます。「桜を見る会」の名簿ではないので、シュレッダーで細断するわけにはいかないのです。

「綸言汗のごとし」という格言を思い出しましょう。2017年2月24日の衆議院予算委員会で首相が野党に向かって用いています。

綸言汗のごとしといって、離れた言葉はそう簡単に、テレビの前で離れた言葉は戻ってこないんですよ。ですから、そういうイメージ操作は厳に慎むべきなんですよ。

綸言は本来、天子や君主の言葉という意味であり、拡大するにしても首相など一国のトップの言葉というのが普通の使い方だと思います。野党を批判する際に使う首相の言語感覚を疑います。いや、この文章も「イメージ操作」とみなされそうですので、「野党でも国会議員なら天子と同等」と首相はみなしているということにしておきましょう。

第2章　敬語は難しいけれど

畏敬か敬遠か

この本の出版社はポプラ社です。ポプラ社といえば、今は児童書『おしりたんてい』シリーズがベストセラーの常連ですね。おしりたんていの決めぜりふは「しつれいこかせていただきます」。顔がお尻の形をしているおしりたんていは、ここぞというときにこのせりふとともに、強烈なにおいを犯人に浴びせてやっつけます。

「こかせていただく」というのはよく考えてみると不思議な表現です。だれも「失礼こく」ことを「させて」いるわけでもないのに、自ら「失礼こく」ことを「失礼こかせていただきます」と言っているのです。そういえば、私たちも「失礼させていただきます」と、退出を求められていないのにその場を離れることはよくありそうです。これはどう考えるべきでしょうか。この章の中ほどで考察します。

では、おしりたんていではありませんが、敬語の「失礼なにおい」を嗅ぎ回ってみましょう。

「ご発言される」

「失礼な日本語」といえば、敬語の誤用について取り上げるべきでしょう。

実は、新聞の校閲記者というのは敬語が苦手です。皆がそうだというわけではないでしょうが、少なくとも社外の人と敬語でやりとりする仕事はほとんどないので、鍛えられることがありません。新聞記事は、ほとんどが「です・ます」などの丁寧語ではなく「だ・である」などの常体で書かれ、いわゆる尊敬語・謙譲語も、一部例外を除いて基本的に使っていません。カギカッコの中などに引用として出てくる場合や、皇室記事、外部筆者の原稿に敬語が多少あるくらいです。

ですから、見逃しも時々発生してしまいます。

「天皇陛下が国民に向けてご発言されたことを重く受け止めている」というせりふが記事になりました。すると遠藤織枝・元文教大学教授の鋭い目に留まり厳しいメールをいただいてしまいました。

この「ご発言された」は敬語の誤用です。
「ご発言される」式の敬語は「ご訪問される」「ご決意される」のよう

に最近よく見かけます。「お／ご……する」は、「（私が）先生の荷物をお持ちする・社長をご案内する」など謙譲語を作るときの基本形です。ですから「ご発言する」は私がだれかを立てるために発言するという、自分を下げて相手を高める謙譲語です。

この謙譲語「ご発言する」の「する」の部分を「される」と尊敬の形にしても、全体は尊敬にはなりません。だから誤用です。

おそらく「ご発言をされる」の意味で使ったものと思われますが、「を」がないのですからやはり誤用です。

（中略）

こうした誤用が新聞上に繰り返されると教育の現場は混乱します。現場では、尊敬語と謙譲語を区別するように教えて、それぞれの語形の作り方を教えます。動詞の尊敬形は「お／ご……になる」、謙譲形は「お／ご……する」と基本の形を教えます。

その中で、こういう誤用がまかり通るのは現場としては困ります。

カギカッコの中のせりふとはいえ「発言された」か「ご発言をされた」とすべきでした、と謝るしかありませんでした。

「お求めやすい価格」「ご利用できます」

ＣＭやチラシなどの広告でよく見かける表現を二つ取り上げましょう。

「お求めやすい」は不完全な敬語といえます。

尊敬語の形は「お……になる」ですので、「お求めになりやすい」が適切な言い方です。ただし、文化庁の「敬語の指針」（２００７年）には「お求めになりやすい」は出てきません。『新聞用語集』（２００７年版、日本新聞協会新聞用語懇談会編）には

お求めやすい→お求めになりやすい

「お求めになる」に「やすい」がついた形だから「お求めになりやすい」が正しい。ただ、一般的によく使われているので慣用が定着したとして容認する説もある。

とあります。あまりにも誤用が多いと、容認する見方も多くなってくるということなのでしょう。しかし、毎日新聞でも「お求めやすい」について、読者から誤用という指摘を受けたことがあります。やはり「お求めになりやすい」を使った方がよいと思います。

「ご利用できます」に関しては「敬語の指針」に書いてあります。

動詞に可能の意味を添えて、かつ尊敬語にするには、まず尊敬語の形にした上で可能の形にする。

例：召し上がれる、お読みになれる、御利用になれる（まず、「召し上がる」「お読みになる」「御利用になる」の形にした上で、可能の形にする。）

（注）「お（ご）……できる」は、後述のように謙譲語Ⅰ「お（ご）……する」の可能形であり、これを尊敬語の可能形として使うのは適切ではない。（例えば「全問正しくお答えできたら、賞品を進呈します。」は不適切で、「お答えになれたら」とするのが適切である。）

ということで「ご利用できます」は「ご利用になれます」と言うべきです。

ちなみに「ご……できる」は謙譲語ということですが、「利用できる」の例を考えてみると「私どもがご利用できる商品を開発していただきました」など、どう考えても不自然です。この場合は「私どもが利用できる」で十分でしょう。

「10時からご案内できます」「明日までにご報告できるかどうか分かりかねます」などとなると違和感ない謙譲語です。

つまり「利用する」を謙譲語にすること自体、無理があるのです。「敬語の指針」にはこうあります。

【「お(ご)……する」「お(ご)……申し上げる」が作れるための基本的条件】

これらの語は〈向かう先〉を立てる謙譲語Ⅰなので、〈向かう先〉の人物がある動詞に限って、これらの形を作ることができる。例えば「届ける」や「案内する」は〈向かう先〉の人物があるので、「お届けする（お届け申し上げる）」「御案内する（御案内申し上げる）」という形を作ることができるが、例えば「食べる」や「乗車する」は〈向かう先〉の

人物が想定できないので、「お食べする（お食べ申し上げる）」「御乗車する（御乗車申し上げる）」という形を作ることはできない。

「利用する」も、へりくだって立てるべき人物が想定できないので謙譲語にならないということですね。そして前述のように尊敬語にもならないので、「ご利用できる」という言葉自体使えないことになります。

「敬語の指針」は非常に参考になりますが、例外などもけっこうあり、やはり敬語は難しいという印象が否めません。

「いただく」と「くださる」

敬語の何が難しいかといえば、「尊敬語」と「謙譲語」の区別ですね。

例えば、校閲で指摘した事例として次のような文があります。

「4万人が来館していただく」

これぐらいだとさすがに、おかしいぞと気付きます。

「4万人が来館してくださる」または「4万人に来館していただく」ではないかと。

ここでは「4万人」を立てなければなりません。「いただく」だと「いただきます」という食事のあいさつからも分かるように、ありがたく思う気持ちを表す言葉になります。相手の行為を敬うのなら、「いただく」ではなく「くださる」でないと失礼です。

「いただく」を使いたいなら、ありがたく思う主体はあくまでも自分の側ですから、相手に付く助詞は主語に使う「が」ではなく「に」に変える必要があります。

しかし、こういう言い方は世間にあふれています。ここで前章の宿題としておいた、2019年首相主催「桜を見る会」での首相のあいさつを再掲すると――

集まっていただいた皆さんが本当に楽しんで、楽しく過ごしていただいた、やっぱり花がなくてもお越しいただいた皆さんがすばらしければ、桜を見る会は成功します。

ここでは「皆さん」が主語ですから、「いただいた」ではなく「くださった」とすべきでしょう。「いただいた」なら「皆さんに」と助詞を変える必要がありますが、この文脈ではしにくいようです。

では、例えば、お世話になった先生にお礼の言葉を述べようとして「ご指導くださりありがとうございます」か「ご指導いただきありがとうございます」のどちらが適切でしょう。迷ったことはありませんか。

これは、文化庁がホームページで公開している「敬語の指針」の質問と回答のコーナーで触れられています。「ご利用いただきましてありがとうございます」「ご利用くださいまして…」について「どちらも適切」としています。

「御利用いただく」の使い方には、問題があると感じている人たちもいる。その理由としては、「利用する」のは相手側や第三者なのだから、尊敬語である「御利用くださる」を使うべきだということなどが挙げられているようである。

しかし、「御利用いただく」は「私はあなたが利用したことを（私の利益になることだと感じ）有り難く思う」という意味を持った敬語である。「利用する」のは相手側や第三者、「御利用いただく」のは自分側、という点がやや理解されにくい敬語であるが、自分側の立場から相手側や第三者の行為を表現した敬語であり、敬語の慣用的な用法として特に問題があるわけではない。ただ、このような「いただく」の用法に対しては、その受け止め方に個人差があり、不適切な用法だと感じている人たちもいる。

要するに、どちらも敬語の使い方として正しいのですが、「ただ」以降の個人差が気になる場合は「くださる」の方が無難ということになります。

「ご応募いただいた皆様」

おや、何やら敬語についての校閲職場の先輩と後輩の会話が聞こえてきました。ちょっと耳をすましてみましょう。

後輩　先輩、このくだりですけど。

先輩　ん？　「ご応募いただいた皆様、ありがとうございました」。主催するコンクール関係のあいさつだね。

後輩　これ、敬語の誤用ですよね。

先輩　うん、「ご応募いただいた皆様」はおかしいね。

後輩　ですよね。この場合は「皆様」を尊敬しなければならないから「ご応募くださった」とすべきですよね。

先輩　うん、「いただいた」は自分のことをいう謙譲語だから。

後輩　でも、分からなくなってきました。

先輩　何が？

後輩　語順を変えると「皆様が応募してくださった」。これは問題ないですね。でも「皆様に応募していただいた」。これもありじゃないですか。

先輩　そうだね。「いただく」だと「が」を「に」に変えれば正しい敬語になるね。

後輩　で、また語順を変えると「応募してくださった皆様」も「応募していただいた皆様」もいいことになりませんか？　つまり「応募していただいた皆様」は

先輩　「私たちのコンクールに応募していただいた当事者である皆様」という謙譲語と考えると、あながち間違いとはいえない気がしてきました。実際、かなりこういう言い方は出ているんですよ。「ご指摘いただいた方」とか、「ご指導いただいた先生」とか。

後輩　なるほど。でも、いくら広く使われているからといっても、正しい表現とは限らないからね。よく考えてみよう。例えば「先生に教えていただいた」は正しい敬語だね。でも「教えていただいた先生、ありがとうございます」と言えるだろうか。

先輩　うーん、「教えてくださった先生」の方がいいのかな。ただ、「先生、教えていただきありがとうございます」なら言いますよね。

後輩　うん。「教えてくださり」ももちろんいいけれど、「教えていただき」も自分を下げて先生を立てる表現としては間違っていないね。

先輩　だったら「私たちが教えていただいた先生」もありじゃないですか？　その「私たち」を略して「教えていただいた先生」と言っているのではありませんか？　「先生、教えていただき」とどう違うんですかね。

先輩　では例を変えてみよう。「娘が本をもらった」という文の語順を逆にすると「本をもらった娘」。それを敬語にすると？　「娘」が親戚のおじさんとか先生とかだれか目上の人からもらったとしたら？

後輩　「本をいただいた娘」？

先輩　そう。では「教えていただいた先生」に話を戻すと、先生がその先輩の先生かだれかもっと偉い人に「教えていただいた」かのような扱いになってしまう。

後輩　そうか。だから「教えてくださった先生」が適切、ということになるんですね。

先輩　つまり、「教えていただいた」のは「私」であって、「私」の気持ちを伝える際、「教えていただき」と言うのは構わない。でも「教えていただいた先生」と付けるのは、言った本人にそのつもりはなくても、先生を下に置いているのと同じような失礼なことになってしまうんだ。親が「教えていただいたわが子」と言うみたいな感じにね。

後輩　難しく考えすぎたかもしれません。単純に「先生」などに続くのであれば「くださる」を使うと覚えた方がいいですね。だから「ご応募いただいた皆様」ではなく「ご応募くださった皆様」にしなければならないと。

先輩　確かに敬語は難しいけれど、要は自分を下げるか相手を上げるか。相手が主体のときは尊敬語に、ということだね。
後輩　ご指導していただき、ありがとうございます。
先輩　いや、その「して」は要らない。「ご指導いただき」だよ。「ご指導する」は謙譲語なので、指導した側には使えない。または「指導してくださり」か「ご指導くださり」。
後輩　やっぱり敬語は難しいなあ。

実はこれは架空問答です。私が仕事で「ご応募いただだいた皆様、ありがとうございました」の「いただいた」を「くださった」に直したのは実際にあったことですが、「本当に直していいのかな?」と脳内で葛藤を繰り広げたのを対話形式にしてみました。

というのも、毎日新聞記事データベースやインターネットで検索すると「ご応募いただいた皆様」のような例が氾濫しているためです。テレビでも、この本の原稿を書いているまさにそのとき「ご協力いただだいた皆様、ありがとうございます」という字幕が出ていました。

あまりにも多く使われているので、もしかしたらこれは正しい敬語なのではないかと疑心暗鬼になって、敬語の本をいくつかのぞいてみました。

すると、どういうわけか、世の中には敬語の指南書はかなり出版されているのに、「ご応募いただいた皆様」のような例の正誤を明らかにするような本はなかなか見つかりません。やっと見いだせたのは『NHK気になることば』（NHKアナウンス室編、東京書籍）。こんなことが書いてあります。講演会などで、司会者が「お話しくださる先生は…」と言うのと、「お話しいただく先生は…」と言うのは、「どちらもまちがいではありません」。

すると「お話しいただく先生」も正しい敬語？　ただしこうとも書いてあります。「『お話しいただく』だと先生だけを敬うので、司会者も観客もへりくだった立場になります。ですから、観客側は自分たちの立場も下げられた気がして、違和感があるかもしれません」

ううむ、分かったような分からないような。そこでさらに本を探すと、『ほんとうの敬語』（萩野貞樹著、PHP新書）で、次のうち正しい敬語はどれかという「テスト」がありました。

①本日ご来店くださったかたにはもれなく記念品をさしあげます
②本日ご来店してくださったかたにはもれなく記念品をさしあげます
③本日ご来店いただいたかたにはもれなく記念品をさしあげます
④本日ご来店していただいたかたにはもれなく記念品をさしあげます

正解は①。「③は『ご来店いただいたかた』がよくない。ご来店いただいたのはお店の側です」と、これは明快です。

そう、あまり理屈をこね回しすぎるとかえって分かりにくくなりますが、単純な話です。「お客様がご来店くださる」のだから「ご来店くださったかた」。「お客様がご来店いただく」のではありません。

「いただいた〜」はなぜ広まったか

しかし、「ご来店いただいたかた」のような言い方は、もしかすると「ご来店くださったかた」よりも広まっているかもしれません。どうしてこんなことになっているのでしょう。

どうやら、一般に「くださる」という語よりも「いただく」の方が好まれていると いうことがあるようです。例えばNHK放送文化研究所の2010年度のウェブアンケートでは、「お教えいただきありがとうございます」を使うと答えた人が「お教えくださりありがとうございます」よりも多くなっています。

これは、何かしてもらったときに「ありがとう」とストレートに礼を言うのではなく「(ご迷惑をかけて)すみません」と言うのと、どこか似ています。言われる側にとっては、謝られるよりは素直に感謝される方が気持ちよいはずなのですが。

相手が主語の「してくださる」ではなく自分が「していただく」という言葉を使うのも、無意識に自分中心になっているのかもしれません。

念のため繰り返しますが、「教えていただきありがとうございます」が間違いなのではありません。しかし、あまりにも「〜いただく」式の言葉が増えた結果、「教えていただいた先生」など相手が主体の文脈でも「〜いただく」を使うことに抵抗感がなくなっている状況にあるようです。

でも、もしかしたら「ご協力いただいた方」のように呼びかけられた人の中には「こんな不適切な言葉遣いをするところにはもう協力してやらない」と、へそを曲げる人がいるかもしれません。立てるべき人に直接文を結び付ける場合には、必ず「ご協力くださった方」などとすべきです。

「扉を閉めさせていただきます」

「いただく」といえば、以前から「扉を閉めさせていただきます」など、何かにつけて「させていただきます」と言う人が増えていることがよく指摘されます。

言う人はそれが丁寧だと思っているのでしょうが、その氾濫を指摘する人はある種の不快感を持って捉えているようです。言う人と言われる人に「させる・させられる」という関係が成立せず、いわば言う人が勝手にする行為について「させていただく」なんて言われるのは心外、「扉を閉めます」だけで十分だ——という論法です。

私自身はそれほど不快とまでは感じません。しかし、考えてみると「いただく」のはあくまでも自分の側であり、相手の側に立った言い方ではありません。へりくだっているように見えて、実は敬意がそれほど伝わらない、取りようによっては「いんぎん無礼」といえるかもしれません。

もう一つ感じるのは、「させていただく」すなわち「させてもらう」という言葉が本来持つ「する・させる」という使役の関係が希薄になりつつあるのではないかということです。

ある国語辞典にも携わった有名な国語学者の本に、年賀状についてこうありました。

> **かく言う私も宛名の手書きが精いっぱいで添え書きは原則勘弁させてもらっています。**

この「勘弁させてもらっています」をどう解釈すればいいのでしょう。「勘弁する」人がいるとすると、年賀状の受取人ですね。「勘弁させる」のは筆者。その「させる」行為を筆者が「もらう」？　頭がこんがらがってきます。

「勘弁する」の言葉を「許す」に換えてみれば「許させてもらっています」。これはおかしい。「許してもらっています」ですね。だから「勘弁してもらっています」なら分かります。でも、実は私も「勘弁させてもらって」を初めは違和感なく読み飛ばしていました。

国語学者といえども、間違った言葉遣いを絶対しないとは限らないでしょう。しかし、仮に書き間違いだとしても、そういう間違いを生んで校正も通ってしまうという現実をかんがみると、間違いを自覚できないほどに「させる」の語感が変わっているのではないかという気がしてきます。

「させてもらう」「させていただく」の「させる」は使役の助動詞ですが、他者を使う・使われる関係とは違って、自分が自分自身の心に「勘弁させる」という気持ちがあるのかもしれません。「添え書きを書かなければならない」と思う自分に「ごめん、とても忙しくて時間がないんだ。勘弁して」というように。

夫婦げんかの末に妻が言う捨てぜりふ「実家に帰らせていただきます」も、夫が「出て行け」と言って帰らせたとは限りません。あくまでも自分の判断による宣言でしょう。

そう考えると、「扉を閉めさせていただきます」というような、使役とは関係ない場面でも「させていただく」がよく使われる理由が見えてきます。鉄道会社の社員の場合、「大急ぎで走って来て鼻先で扉を閉められるお客さんの気持ちを考えると、本当はあと1秒くらい待ってあげたい」という親切心を「いや、時間通りに発車しなければ他の多くの方々が迷惑する」という義務感が抑え込み、自分自身に扉を閉めることを「させる」。そのやむにやまれぬ気持ちが「閉めさせていただきます」という言葉に表れていると考えるのは、考えすぎでしょうか。

いや、だからといって「勘弁させてもらう」「閉めさせていただきます」が適切な日本語だと主張したいのではありません。鉄道のアナウンスの場合は、急ぐときに「扉を閉めさせていただきます」なんて回りくどい言い方をする必要はないし、「勘弁させてもらっています」という文については、「して」にした方がよかったとは思います。

ただ、繰り返すと「させていただく」「させてもらう」という言葉はどうやらだれかに何かを「させる」という関係とは限らない、自分自身に向けた使い方が広がっているのではないか、と感じるのです。だとすると、「させていただく」には一方的な通告の語感をできるだけやわらげたいという話し手の心情を感じることができますが、へりくだって相手を立てるような表現を使いつつも、実はあくまでも自分の行為を丁寧に言っているにすぎない、と解釈できます。つまり謙譲語というよりは、丁寧語の一種ではないでしょうか。

「たばこはお吸いいただけません」

そんなことを考えながら新幹線「こだま」に乗ると、電光掲示に「車内でおたばこはお吸いいただけません」と出ていました。どこか違和感がありませんか？

例えば回送電車に「お乗りいただけません」なら分かります。しかし、たばこを吸う客の行為については、鉄道会社は客から恩恵を受けるわけではないので「いただく」を使う必要はないはず。それでも敬語を使うなら「お吸いになる」の方がよいでしょう。だから駅員が客に「喫煙室ではおたばこをお吸いになれます」と言うのならそれなりに適切な敬語となります。

ただし、否定形になると「お吸いになれません」にしても「お吸いになることはできません」にしても、文法的にはともかく、何となく違和感はぬぐえません。そもそも電光掲示で禁煙を呼びかける文で、尊敬語や謙譲語を使う必要があるのでしょうか。「車内は全面禁煙です」で十分ではないでしょうか。付け加えたいなら「おたばこはご遠慮ください」がよいのではないでしょうか。

「扉を閉めさせていただきます」にしてもそうですが、本来必要ない「いただく」を付けることで、少しでも言葉遣いをマイルドにしたい気持ちは分かるものの、取りようによっては「いんぎん無礼」と感じられます。

なお、「こだま」の車内でフランス文学者の多田道太郎さんのエッセー『日本語の作法』（角川文庫、1984年）を読んでいると、こんな文章に出合いました。

謙譲語と尊敬語とを主体とする敬語は、丁寧語を主体とする敬語の体系にとって代わられつつある。こうして人は、だんだん水臭くなっていく。人を傷つけることもないかわり、自分も傷つくことはない。安全と丁寧との、日本語の社会がこうして出来上がってゆく。

「いただく」の氾濫に言及した文脈ではないのですが、「いただく」も謙譲語というよりは単なる丁寧語になりつつあるのかもしれないと思いました。

同書では「敬語は『畏敬』から『敬遠』へと基調を変えてきた」という卓見も記されています。相手を立てる言い方である「くださる」などよりも、単なる丁寧な言い方としての「いただく」が好まれるのも、相手を敬遠することで自分が傷付くことを無意識のうちに避ける風潮の反映かもしれません。

しかし、適切なコミュニケーションのためには、やはり少しでも適切な日本語を選んでほしいと思います。ちなみに2020年春から、改正健康増進法の全面施行により、学校や病院など多くの人が利用する施設が原則として全面禁煙になります。その場所での喫煙者には罰金が科せられることもあるので、丁寧すぎる呼びかけよりも、簡潔で要領を得た告知の方が逆に親切かもしれません。

丁寧な形容詞は難しいですよ

新聞の投書欄の校閲をしていて直すことが多いのが、文末の「だ」「である」と「です」「ます」の混在です。

おそらく、そういう投稿の筆者は勢いに任せて書き、読み直していないのでしょう。冷静に読み直しさえすれば、不統一はすぐ気付くはずですから。

しかし、「だ・である体」への統一は難しくないのですが、「です・ます体」への統一は、なかなか単純にいきません。

最も困るのは形容詞です。「難しい」を丁寧にすると、すぐ思い付くのは「難しいです」。これは話し言葉なら何の違和感もないでしょうが、書き言葉ではちょっと稚拙な感じが否めません。「難しかったです」「おいしいです」「おいしかったです」「うれしいです」「うれしかったです」なども同様です。

これが「難しいですか」「おいしいですよ」「うれしいのです」などになると、どういうわけか違和感がなくなります。

山田敏弘・岐阜大学教授は『日本語あれこれ事典』（明治書院）の中で、「とってもうれしいです」「とってもうれしかったです」を文例に挙げ、形容詞に「です」の付く不自然さについて「国語審議会が昭和二七年に認めた形とはいえ、まだ仮面夫婦のような関係」と例えています。そして「単独では形容詞と仲睦まじくできない『です』が、『よ』『ね』『か』など終助詞を『かすがい』に形容詞にくっついている」と述べます。

これは2002年に出た文章ですが、現在もまだ「形容詞＋『です』」の「仮面夫婦」状態は脱していないと思われます。

では「難しい」「うれしい」を丁寧にしたいとき、どう書けばいいのでしょうか。伝統的には「難しゅうございます」「うれしゅうございます」です。

個人的なことで恐縮ですが、小学生のときの先生に宛てた年賀状で「昨年は久しぶりにお会いできてうれしゅうございました」と書いたら、妻に「変！」と言われてしまいました。「普通『うれしかったです』でしょ」と妻。私「いや、小学生ならそれでいいんだけど、これが正しい日本語なの！」。

１９６４年東京五輪マラソン銅メダリスト、円谷幸吉が自殺したときの遺書には「美味しうございました」が７回繰り返されています。しかし、今ではいかにも古めかしいですね。若い人には逆に違和感を与えてしまいそうです。

先ほど「難しいのです」「うれしいのです」と「の」を入れると違和感がなくなると書きました。ですから「の」を入れるのは一案です。

しかし、ニュアンスが微妙に変わってきます。「うれしいです」は素直な気持ちの表現ですが、「うれしいのです」は「説明」の側面が強くなります。単なる感想としてはそぐわない場合が少なくありません。

今使った「少なくありません」という文言は「多いです」を避けた結果です。このように反対語を否定する形も有効です。「難しい」の場合は「易しくありません」。

しかし「うれしい」の場合は？　「悲しくありません」とできるでしょうか。「うれしいです」と与える印象がかなり変わってきますね。先の年賀状の例で「久しぶりにお会いできて悲しくありませんでした」と書いて出したとします。先生は「ええっ、悲しいのが前提？」とびっくりされるでしょう。

ではどうすればよいか。「うれしく思いました」ではいかがでしょう。これは正式な表現ではあります。しかし、どこか一歩離れたような語感も残ります。「うれしかったです」ほどには、気持ちがストレートに伝わらないような気がします。

そこで考え付いたのが、次の表現です。

久しぶりにお会いできてうれしい一日となりました。

そして先生から来た年賀状の返事は「うれしかったですよ」。そうそう、「ですよ」となると問題ないんですよね。

このように、文脈によって形容詞の丁寧な形はいろいろ表現を工夫する必要があります。やっかいではありますが、慣れるとそれほど難しくないと思います。

「ご存じ」か「ご存知」か、ごぞんじですか？

「ごぞんじですか」の「ごぞんじ」の書き方としては「ご存知」「ご存じ」「御存知」「御存じ」などが考えられます。はっきり誤りといえるものはこの中にはありません。

しかし、日本新聞協会としては「ご存じ」を原則としています。

まず、接頭語の「ご」は基本的に平仮名で書くようにしています。「御所《ごしょ》」「御利《ごり》益《やく》」など漢字で書く習慣のあるものは漢字ですが、それ以外の「ご協力」「ご結婚」などは仮名です。

もちろん一般的には「御協力」「御結婚」と書いても何ら問題ありません。あえていえば「御」は「お」とも読むので平仮名の方が読みやすいかもしれませんが、「お」か「ご」かで迷う場面はあまり思い浮かびません。

いや、「お返事」か「ご返事」で迷う場合がありますが、これは「お返事」が大勢のようです。ただし「ご」が付くのは漢語が多いとされますから「ご返事」も間違いではありません。改まった場では「ご返事」の方が好まれるかもしれません。そのように「お」「ご」ともに上に付く語は例外的で、「存じ」の上は「ご」と決まっています。

それよりも問題は「知」です。『岩波 日本語使い方考え方辞典』（岩波書店）にはこうあります。

「ご存じ」（＝知っていらっしゃること）という言葉は、サ変動詞「存ずる」の連用形「存じ」を名詞に転用したものであるので「じ」と表記しなければならない。「ご存知」と表記する言葉もあるが、これは、「存知（ぞんち）」（「ぞんぢ」とも）という名詞に「ご」の付いた形なので「知」となる。

そこで『広辞苑』（第7版、岩波書店）の「ぞんち」を見ると「存知」は「（存在を知る意）知っていること。承知。ぞんじ」とあります。それとは本来別の言葉として「ご存じですか」の「存じ」は存在するのです。

そういえば「存じません」「存じ上げない」は「存知ません」「存知上げない」とは書きませんね。

『新選国語辞典』（第9版、小学館）は「『御存知』と書くのはあやまり」と断言しています。しかし、「御存知」は当て字として載せる辞書もあります。

辞書によって、実態を認める立場と、本来の用法を重視する立場とで分かれているようです。「絶対間違い」とは言いにくいのですが、少なくとも誤りとする辞書もある以上、「ご存じですか」と書くのが穏当であるといえるでしょう。

「ご提供いたします」は間違いか

日本語に関する本を何冊も出している学者の本で、「ご提供いたします」などというのはおかしいという部分がありました。相手が提供するのなら「ご提供」だが、自分がするのにご提供はないといいます。

「えーっ？　ご冗談でしょう」と思い、国立国語研究所『新「ことば」シリーズ21　私たちと敬語』（ぎょうせい）を開きます。


「お」「ご」の使われ方を、広く見渡してみると、自分の側のものに「お」や「ご」を付ける敬語があることに気付きます。「先生に御説明申し上げる」の「御説明」は、自分が行う説明に「ご」が付いたものです。

この表現は、説明が向かう先である先生を立てる働きをしています。

どちらが正しいと思われますか。国立国語研究所だからというわけではないのですが、後者でしょう。「ご案内いたします」「お返事いたします」など、自然な言い方ですよね。「ご」や「お」がなくても間違いではないようですが、付けるのが当たり前になっています。

ちなみに、首相主催の「桜を見る会」への招待状が届いたことを、預託商法を展開して破綻した「ジャパンライフ」がセールスに利用していた可能性が指摘されています。その勧誘用資料にこうありました。

> **山口会長は出張のご予定があるため、参加できません。**

この場合の「ご予定」は激しく違和感があります。これを書いたのがジャパンライフの社員かどうか分かりませんが、お客を勧誘する側が、その会社のトップだからといって「ご予定」と書くのはいけません。「私は出張のご予定があります」「私のご意向は」などというのと同じです。さらに言えば「山口会長は」ではなく「会長の山口は」とした方がよいでしょう。

もちろん、社員が直接会長に「ご予定はいかがですか」と聞くときには「ご」を付けるべきですが、社外の人から聞かれたら、相手を立てて自分の側を下げる表現、例えば「会長の山口は出張する予定になっております」と言わなければなりません。

その文脈とは違い、「ご説明いたします」などは「自分の行為を表す語に冠して謙譲の意を添える」（『広辞苑』第7版の「御」）使い方であり、間違いではないのです。弘法ではありませんが、日本語論者でさえ筆の誤り。ことほどさように敬語は難しいのです。

敬意がなくなっている「あなた」

私が大学生になり、学生寮に入ったばかりのころの失敗です。初対面の相手に名前を聞かれたので答えた後、「あなたは？」と聞き返しました。相手は3年生で「失礼な」と怒られました。

「あなた」は「おまえ」「君」などと違って丁寧な呼び方と思っていたので面食らい

ました。辞書には「男性が初対面の相手に用いると、その相手を見下しているという感じを伴う」(『大辞林』第4版)とあるのですが、上下関係にもまれていなかったので分からなかったのです。

漢字では「貴方」「貴女」「貴男」と書きます。「貴」ですので元は敬意があったのですが、今は敬意が下がっています。

それにしても日本語の二人称は使いにくいですね。「お前」も古語としては二人称の尊敬語だったのが、今はご存じの通り。2019年にはプロ野球・中日ドラゴンズの応援歌の中で「お前が打たなきゃ、誰が打つ」という歌詞に監督が「名前で呼んでほしい」と注文を付けたことがニュースになりました。

文化庁の2016年度「国語に関する世論調査」では、改まった場で、それほど親しくない相手のことを言うとき、どんな言葉を使うかを尋ねました(複数回答。なお、同調査は、文化庁は元号で表記していますが、本書では西暦表記にそろえます)。「名字+さん」が63・3%と最高。「役職名・職業名・相手の所属する組織団体名(課長・先生・○○銀行等)」32・9%、「役職名・職業名・相手の所属する組織団体名+さん」27・9%、「名字+さま」19・5%に続き、ようやく「あなた」19・1%が出てきます（しかも2005年の同種調査に比べ「あなた」は9ポイント減）。以下「そちらさま」「おたく」「そちら」「おたくさま」などの順です。

名前が分かっているなら敬称を付ければ問題ないのですが、名前も、目上かどうかも分からない状況の場合、困ってしまいます。先輩だと察しが付けば「先輩」と言えばよいのですが、名前も年齢も分からない相手をどう呼ぶべきでしょう。

『放送で気になる言葉　敬語編2019』（日本新聞協会）によると、

名前も役職もわからない場合は「あなた」の代わりに「そちらさま、こちらさま」などと使うことがある。二人称の最も丁寧な形は「あなたさま」だが、「そちらさま、こちらさま」は人称をぼかすことで敬意を高めている。

なるほど。でも、若者同士で年齢が近そうな場合には「そちらさま」も使いにくいでしょう。結局、「失礼ですがお名前は?」と聞くしか思い付きません。

さて、辞書の「あなた」には「夫婦間で妻が夫を呼ぶ語」という記述があるものが多いのですが、私はそう呼ばれた記憶が一度もありません。新婚から50代までの同僚数人に聞くと、やはりないということでした。NHK連続テレビ小説「スカーレット」でも、ヒロインは結婚して子供ができてからも「八さん」と夫を名前の一部で呼んでいました。実態とのずれが広がっている気がします。

この点では『岩波国語辞典』での記述がふるっています。第7版新版（2011年）から第8版（2019年）への改訂で「あなた」の説明に変更がありました。「近ごろこの語に敬意をほとんど感じなくなり、『あなた様』という使い方も滅びようとしている」とある趣旨は変わりませんが、第8版では次の文言が加わりました。

夫婦間で妻が夫を「あなた」と呼び、夫が妻を「おまえ」と呼ぶ言い方は減っている。

もしかすると、次の改訂では「減っている」から「滅びようとしている」へと変わるかもしれませんね。

第3章 固有名詞の怖さ

誤りはこうして防ごう

「失礼な日本語」といってもいろいろありますが、固有名詞の間違いは最たるものといっても過言ではありません。

ある男が、結婚を前提に付き合っている女性の誕生日に、柄にもなくバラの花束を贈りました。インターネットで注文したのですが、直後に「しまったああ！」。あろうことか女性の下の名前の漢字を間違えてしまったのです。

幸い発送前に電話で修正してもらい事なきを得て、その後結婚できたからよかったものの、もし間違ったまま届けられていたら二人の人生は変わっていたかもしれません。そういうこともあり得るから、人名のミスは致命的です。心して、一字一字確認しましょう。

「ぶつぶつ作戦」と「飛び石作戦」

第1章で「安倍普三」の誤字を出した首相官邸ホームページの例を挙げましたが、人ごとではありません。毎日新聞でも第1次安倍内閣時代、「安部晋三首相」を通してしまい「おわび」を出したことがあります。「安倍」「安部」「阿部」「阿倍」の名のうち「安倍」「安部」は特に誤りやすいものとして知られています。

新聞社で記者が原稿を手書きしていた時代は、原稿と、キーパンチャーが入力したものとを校閲者が2人1組で読み合わせをしていましたが、「安倍」は「あんばい」、「安部」は「あんぶ」と読み分け、お互い注意していました。しかし記者が直接入力するようになって、「耳と目」によるチェックが「目」だけになり、間違える危険性が増したといえます。

それでも時の首相の名前を間違えるなんて、とんでもないことです。しかし、首相の名は数限りなく出てくることがあるので、どこかで注意力が働かなくなる魔の瞬間があるのかもしれません。

それを防ぐための第一の方法は、可能なら声を出して、黙読でも「アンバイしゅしょう」と頭の中で唱えながら確認する「ぶつぶつ作戦」。もちろん、パソコンで入力する際も「アンバイ」と唱えつつ変換候補から字を選ぶと、変換ミスをする可能性はほぼゼロになるでしょう。

第二の方法は、一通り読み終えた後、改めて「安倍」「安部」の文字に特化して、飛び石をたどるようにチェックする「飛び石作戦」。何度も同じ名前が出てくる場合に特に有効です。最初に読むときは、いろいろな情報を頭に入れながら進めるので、どこかで集中力が切れて見逃すことがあるかもしれません。それを防ぐため、後で名前の表記だけまとめてチェックするのです。

これは「安倍」だけでなく、その他の人名に関しても有効と思われます。例えば最初は気を付けて「菅」「渡辺」「礒崎」と入力した姓が、途中で「管」「渡部」「磯崎」とミスパンチした場合などです。「礒崎」さんなら、その名前が出てくるところだけを拾いながらチェックすることで、「磯崎」の誤字がくっきり目に入ってくるでしょう。

そのためには、パソコンの場合は文書を印刷すべきだと思います。紙ならペンで固有名詞に○や線を付けることができるからです。

なお、作家にはなぜか「安倍」ではなく「安部」の姓が目立ちます。「安部公房」

しかり、「安部譲二」しかり、「安部龍太郎」しかり。これらの有名人を「あんぶこうぼう」などと覚えておくのも一法かもしれません。

しかし、人間の記憶はあてになりません。やはり固有名詞が出るたび、一つ一つ虚心に確認することに勝る方法はないのです。

「斉藤」は「セイトウ」と覚える

「さいとう」という名字は日本人に非常に多いのですが、漢字は「斉藤」「斎藤」「齊藤」「齋藤」などと紛らわしい表記が入り乱れています。ちょっと整理しましょう。

斉藤＝齊藤

斎藤＝齋藤

等号で結んだのは新字体（＝の前）と旧字体の関係で、実質的には同じ字です。新聞では特別な事情のない限り旧字体は使いませんので、「斉藤」か「斎藤」が主になります。この二つは厳密に使い分けなければなりません。

一般語で考えてみれば、この違いは明白です。「斉」は「一斉に」という言葉で使われるように「きちんとそろう」という意味の漢字で、音読みは「セイ」です。「斎」

は「定められた期間、けがれを払う」ということから「静かに過ごす部屋」という意味になり、「書斎」の語で用いられます。音読みはもちろん「サイ」。つまり「斉」と「斎」は意味も読みも異なる、全くの別字なのです。

実は当のサイトウさんも違いが分かっていない場合が多く、毎日新聞の校閲記者である「斎藤」も入社して初めて、使い分けるべきことを理解したといいます。

以前、このサイトウ問題を取り上げたテレビ番組で、芸人さんが女優の斉藤由貴さんのことを「ということは、我々世代のアイドルだった女優はセイトウ由貴さんと呼ぶべきなのか」と言って笑いを取っていましたが、校閲者にとっては冗談ではなく自然な発言でした。

既に退職しましたが、当時の校閲記者「斉藤」さんのことを、私たち同僚は「セイトウ」と口に出して呼んでいました。実際に口にするかどうかは別として、このように覚えておくと「斎藤」と書き間違えることはないでしょう。

似た字はパーツが違う部分を凝視する

男性の下の名前などに使われる「巳」「己」「已」は非常に紛らわしいのですが、それぞれ「シ・み」「キ・コ・おのれ」「イ・すでに・やむ」などの音訓を持つ別の字です（片仮名は音読み）。左上部分、第3画の書き出しが上にくっ付く「巳」、下に付く「己」、真ん中の「已」という違いがあります。

「巳」は十二支の「巳年」としても有名です。「己」は十干《じっかん》の「つちのと」。「己」は本来の読みではありませんが、人名としては「み」と読ませる人が少なくありません。冒険家、植村直己などがそれに当たります。「已」は古典文法で「已然《いぜん》形」というのがあります。人名としては富士通の山本正巳《まさみ》前会長などの例があります。

「み（巳）は上に、おのれ（己）つちのと（己）下に付き、すでに（已）やむ（已）のみ（已）中ほどに付く」などという昔からの覚え方もあります。

いずれにしても微細な違いなので、左上のパーツに目を凝らして確認する必要があります。

「伝」の旧字体「傳」と、「かしずく」という訓を持つ「傅」（音読みはフ）も、酷似している別の字です。前者の「傳」は、パーツを外していって、つくりの真ん中部分だけをよく見ると、片仮名の「ム」に似た部分があり「伝」と共通することが分かります。「傅」はその部分がない代わりに、つくりの右上にテンがあります。

中国の書聖「王羲之《おうぎし》」の「羲」も「義」と書き誤ったケースが相当あります。左下のパーツをよく見ましょう。念のためいえば「羲」は「義」の旧字体ではなく別の字なので、「王羲之」という表記は誤りです。

ただし、紛らわしい漢字はパーツを凝視せよと言われても、似た字があるという予備知識がないと、目を凝らす気にもならないでしょう。漢字を使って書く者の前提として、似て非なる文字の知識は必須です。

「一字が万事」。思い込みを排除し確認を！

「荻野」「萩野」、「荻原」「萩原」などに使われる「荻《おぎ》」と「萩《はぎ》」は、よく間違えられる「定番」です。この場合は漢字の左下のパーツが違いますが、前記の例よりは比較的容易に区別がつくのではないでしょうか。それでも間違いが頻出するということは、漢字の一部だけを見て誤認してしまう思い込みがあるのではないかと思われます。

男性の下の名に多い「郎」と「朗」の書き違いもよくあります。確認したつもりで見逃したミスもあるでしょうが、思い込みで誤り、確認しようとも思わなかったケースも多いかもしれません。

「昴」と「昂」もミスが散見されます。左下に「はらい」が加わるかどうかの違いですが、前者が星の「すばる」、後者は「昂然《こうぜん》」などに使われ、意味も読みも違います。なお、「昻」という字は「昂」と実質的に同じ字です。子の名に使える人名用漢字としては、「昴」「昂」はありますが「昻」は認められていません。

「亨」と「享」も間違いの定番といえます。「下が了」「下が子」などと意識して記述、確認しなければなりません。

女性の下の名に多い誤記は「奈」と「菜」。「菜々子さん」を「奈々子さん」に間違えるといったケースです。また「美」と「実」の誤りも要注意です。

しかし、人名の間違いは形が酷似したり読みが同じだったりする字に限りません。一見全く違った字、例えば「杉原」を「杉浦」と、「松浦」を「杉浦」と誤記するケースがありました。ともに思い込みがあったと思われます。

「一事が万事」という慣用句をもじれば「一字が万事」。人名のミスが一字でもあると、その文章すべての信用を失いかねません。気を引き締めて書き、一字一字しっかり確認すべきです。

太田と大田の大きな違い

「おおた」さんといえば「太田」「大田」などの人名があり、テン一つのあるなしに気を配らなければなりません。そして人名だけではなく地名などでも書き間違いは少なからず発生します。

東京都大田区、島根県大田市を「太田」と誤るなどのケースです。反対に、群馬県太田市を「大田」と間違ってしまった例もあり、油断できません。

一般論でいえば、固有名詞では「太田」の方が「大田」よりもよく出てきます。「常用漢字表」では「太」は「おお」と読ませませんが、固有名詞では古くから使われてきました。漢和辞典によると、「太」は「泰」の略字とされたようです。単に大きいのではなく「安泰」の泰に基づく字であることが、人名や地名で好まれた一因かもしれません。

それはともかく「太田」の字が目になじんでいるため、「大田」が正しくてもつい「太田」と書いてしまったり、見逃してしまったりすることが多いのではないかと推察できます。

ちなみに、東京都大田区は「大森区」と「蒲田区」が1947年に合併したとき、

1字ずつ取ってできた地名です。もとが大森貝塚で有名な大森だから「大」だと覚えておけば、間違えることはないでしょう。

世界遺産「石見銀山」のある島根県大田市は「おおだし」と読みます。これを覚えておけば、よほど妙な癖のついたパソコンでない限り「おおだし」で「大田市」と変換してくれるはずです。

しかし、人間の記憶に頼るのは危険です。間違えやすいことを常に念頭に置き、一つ一つ丁寧に確認するしかありません。

「太」と「大」の間違いといえば、ある高校の入試問題で「大平洋高気圧」という誤字があり、全員正解になったそうです（もちろん正しくは太平洋）。

人ごととは思えません。毎日新聞の原稿でも時々「大平洋」は出現し、まれに見逃して紙面化されてしまうことがあります。

人名や地名の「太田」「大田」なら全国にさまざまあり、間違えやすいのは分かります。しかし、小学生でも分かるはずの「大平洋」の誤りがなぜ出てきてしまうのでしょう。

原因の一つと考えられるのが、パソコンの変換辞書です。手持ちのパソコンで「たいへいよう」と打つと「太平洋」の他に「大平洋」が変換候補に出てきます。

この字が出るのは、おそらく「大平洋金属」など「大平洋」を使う企業があるためと思われます。「大平洋金属」を「太平洋金属」と書いたら逆に間違いとなってしまいますので、選択肢としては必要とされるのでしょう。

しかし、「たいへいよう」と打つと「大平洋」が変換されるものと思い込んでいると、つい誤字を選んでしまうこともあるのです。

てんで異なる「鍛治」、いい線いかない「祇園」

テン一つで全く別の字になる、よく似たケースの間違いに「鍛冶」があります。村の鍛冶屋さんなど一般語としては「鍛冶」。つまり「冶」の字が「にすい」ですが、固有名詞では「鍛治」と「さんずい」になるものが少数ながらあります。

人名では航空評論家の「鍛治壮一」さん、甲子園などの野球解説者として名をはせた「鍛治舎《かじしゃ》巧」さん、地名では北海道函館市「鍛治」、岩手県花巻市「鍛治町」など。

これらがよく「にすい」の「鍛冶」と誤記されるのです。

パソコンで「かじ」と打つと「鍛冶」「鍛治」両方出てくるはずですので、適切に選ぶ必要があります。その知識がないと、最初に出てきた方をつい選んでしまうのではないでしょうか。

なお、愛媛県今治市の「治」が「冶」となっているケースも、インターネットでは少なからず見つかります。これはどういう入力をしたのか不思議です。原文をスキャナーで取り込んだのでしょうか。

「鍛冶」「鍜治」と同様の変換ミスに「祇園」があります。7月は京都をはじめ全国的に祇園祭が行われますが、祇園の「祇」の字がしばしば「祗」というように、つくりの「氏」の下に「一」が付いた字に化けることがあります。これは祇園の「祇」とは読みも意味も異なる字で、「祗候《しこう》」（貴人のそばで仕えること）などの語で用いられます。

しかし、パソコンの変換辞書によっては「ぎおん」と打つと「祇園」とともに「祗園」も出てくるのです。本来ありえない選択肢です。ところが、地名では「祗園」の字が逆に正しいところもあります。川崎市中原区には「木月祗園町」という地区があるのです。

少数派、あるいは特殊な固有名詞が登録されているために、パソコンで知らず知らずのうちに誤字を選んで、見逃してしまう。この失敗をすると、ついパソコンの変換辞書のせいにしたくなります。

しかし考えてみれば、字を選ぶのも見逃すのも人間です。似て非なる字の知識を持ったうえで、パソコンの変換辞書から正しい字を選ぶことが求められます。そしてもちろん、一画一画に目を凝らしてチェックをしなければなりません。

なお、「しめすへん」については「示」「ネ」のどちらの字でも間違いではありません。これは「字体」の違いであり、実質的に同じ字です。「斎藤」と「齋藤」が実質的に同じ字であることと同様です。しかし、既に述べたように「斉」は「斎」と別の字ですから、使い分ける必要があります。それと同じく、「祇園」を「祗園」と誤ってはなりません。

「常盤」ときには「常磐」、「多摩」たまには「多磨」

「ときわ」と読む固有名詞「常盤」「常磐」は全国的に見られます。人名では、作家の常盤新平さん、女優の常盤貴子さんの例などに見られるように、「ときわ」単独の姓としては「常盤」が圧倒的です。相撲の「常盤山親方」も有名です。ただし浄瑠璃の一流派「常磐津」は「常磐」の字であることから、その創始者「常磐津文字太夫」や伝承者には「常磐」の字が付きます。

地名も「常盤」は全国的に見られますが、「常磐」は少ないようです。例えば相撲の「常盤山」は京都の歌枕「常盤の山」が由来とされ、京都市右京区には「常盤」の地名が今も残ります。

しかし「常磐」の地名も「水戸市常磐町」「静岡市葵区常磐町」などそれなりに存在し、気を付ける必要があります。ちなみに水戸市にある神社は「常磐神社」、大学は「常磐大学」です。

北海道旭川市には「常磐公園」があります。非常に紛らわしいことに、この公園の周囲の地名は「常盤通」「上常盤町」「中常盤町」の表記なのです。

いずれにせよ、固有名詞では「常盤」の方が多いとはいえそうですが「常磐」もときには出てくるので、一つ一つ確認を怠らないようにしたいものです。

なお、福島県いわき市の「常磐」は「じょうばん」と読みます。ＪＲ東日本の「常磐線」と同じです。

東京都中南部の「多摩」という地名も油断できません。「多摩川」「多摩丘陵」「奥多摩」「多摩市」「西多摩郡」などで頻出しますが、東京都府中市には「多磨町」という地名もあります。そこに位置する「多磨霊園」は江戸川乱歩、北原白秋など多くの著名人の墓を有しています。西武鉄道「多摩川線」には「多磨駅」があります。また東京都東村山市にある国立療養所「多磨全生園」も要注意です。

間違えるとたたられる？「祟」と「崇」

「あー！　たたりだ！　たたりが入ってるぞ！」

新聞記事のチェック中、ある学校名の一部に入るべき「崇」の字が「祟」になっているのを見つけ、思わず私は大声を上げました。

「崇拝」などに使われ尊敬の意味のある「崇」の字は、学校名、人名、お寺の名前など、固有名詞にも頻出します。この「祟」の字は「祟り」の「祟」と非常によく似ています。意味は全く逆ですが、しばしば間違えられます。そもそもホラー映画の題名などならともかく、学校や寺で「祟」の字を持つ例は、ちょっと思い付きません。だから「崇」が入っていると、「祟」ではないかと必ず確認しなければなりません。

しかし、不思議なのはどう入力したかです。崇は音読みでスウ、ソウ、訓読みで

「あがめる」、人名では「たかし」などと読みます。俳優の青木崇高《むねたか》さんのように特殊な読みもあります。さまざまな読みがあるので、いざ入力しようとするとどの読みで入れるべきか分からなくなるのかもしれません。そしてパソコンの「手書き入力」機能を使って入力し、間違った字を選んでしまった可能性が考えられます。この機能を使った人はお分かりと思いますが、似た字がたくさん出てきて、別の字を選ぶ危険性が大変高いのです。

パソコンでの文字の出し方が分からなければ、部首などのパーツの組み合わせで選んだ方がまだましです。それより何より、「すうはい」と打って「崇拝」を呼び出してから「拝」の字を削除する方が早いでしょう。

見つめよう「蜜」と「密」

本屋さんの書棚で、芥川龍之介の本の題名に目を疑いました。

「密柑」

これは教科書にも載ることの多い有名な短編です。正しくは「蜜柑」。本を開くと、当然ですが正しい「蜜柑」の字になっていました。背表紙だけ「密」と誤植があったのです。間違えやすい字ではありますが、まさか背表紙に堂々と印刷されて売り出されているとは。しかも、有名な出版社の本です。

このように、目に付きやすいところにも意外に誤字は発生するものです。

京都では道順案内の看板にこんな文字を発見しました。

「六波羅密寺」

この「密」も「蜜」の誤りです。これも教科書に載ることの多い空也上人立像があるお寺です。

また、あるお菓子の看板で「蜂密」という誤字があったのを見つけ、先輩はその菓子屋に連絡したそうです。

インターネット上では、女優の「壇蜜」さんが「壇密」となっているものも少なくありません。「壇」と「檀」もよく間違えますが、私が遭遇したのは、複数出てくる「壇蜜」の名前のうち、2度目だけ「壇密」となっていた原稿です。色仕掛けで情報を得る「ハニートラップ」ではありませんが、「ハニー（蜂蜜）トラップ（わな）」かと思いました。

蜂蜜といえば、『蜂蜜と遠雷』と誤記されたタイトルがインターネットでは目立ちます。直木賞と本屋大賞を受賞した恩田陸《りく》さんの小説で、松岡茉優さんら主演の映画も評価されましたが、『蜜蜂と遠雷』が正しい題名です。

ところで「蜜柑」に話を戻すと、名古屋市瑞穂区には「密柑山町《みかんやまちょう》」という地名があります。この地名に限っては「密」が正しいことになります。

伊丹市のある都道府県は？

次に都道府県と市町村の組み合わせが違う例を挙げましょう。

×福島県白石市→○宮城県白石市（福島県白河市と混同したのでしょうか）
×山形県村上市→○新潟県村上市（山形県にあるのは村山市）
×東京都大和市→○神奈川県大和市（東京都にあるのは東大和市）
×静岡県富士吉田市→○山梨県富士吉田市（静岡県は富士市、富士宮市、吉田町）
×和歌山県熊野市→○三重県熊野市（和歌山県にはかつて熊野川町がありました）
×島根県米子市→○鳥取県米子市（島根と鳥取は字面もちょっと似ています）
×大阪府伊丹市→○兵庫県伊丹市（大阪国際空港の別名が伊丹空港のため混同しやすい）

このように、近隣に字が似ている地名があると間違いが多いようです。

最後の例と似ているのは東京都のデパート「新宿タカシマヤ」。新宿と付いていますが、所在地は東京都新宿区ではなく渋谷区です。名前にある地名と実際の所在地が違う紛らわしい例は少なくありません。２０１６年に誕生した施設「バスタ新宿」も所在地は渋谷区です。他にもＪＲ品川駅（東京都品川区ではなく港区）、ＪＲ目黒駅（東京都目黒区ではなく品川区）などがあります。

また、「東京都武蔵小金井市」のように、駅名に引きずられてか、存在しない市名を誤記してしまう例もあります。ＪＲ武蔵小金井駅は実在しますが、所在地は東京都小金井市。東京都には「小金井市」の他「武蔵野市」「武蔵村山市」がありますが、「武蔵小金井市」は過去にも存在しません。

地名というのは比較的容易に確認できるはずです。それでも間違えてしまうのは、駅や施設などの名前による思い込みが大きいと思われます。名前にだまされないよう、思い込みを排除して一つ一つ確認しなければなりません。

いろいろ実例を挙げましたが、これは誤りやすい固有名詞のほんの一例です。間違えやすいと身構えても結局、別の思わぬ部分でミスを発生させてしまうことがよくあります。要するに、固有名詞を間違えないようにする魔法のような簡単な方法はなく、地道に確認するより他に近道はないといえます。
なあんだ、と思わないでください。固有名詞を間違えると、自分が恥をかくだけではなく、書かれた当事者をおとしめるという怖さを肝に銘じてほしいと思います。

タバスコもテフロンも商標名

これも固有名詞の一種の怖さです。毎日新聞で次の社内通知がありました。

　人工知能（ＡＩ）を使用した需要予測をもとにタクシーを配車するなどのサービスを「ＡＩタクシー」としてＮＴＴドコモが登録商標をとっています。同社のサービス以外の類似のものをこの名称で呼ぶことはできません。ご注意ください。他社のサービスに対し使用した件があり指摘を受けました。
ＮＴＴドコモのサービスと契約して利用しているタクシー会社などが多数あり、どこがこのサービスを使っていて、どこは違うシステムを利用しているかは確認が必要です。

そして、一般名詞として用いる場合は「ＡＩ配車サービス」「ＡＩ配車」「（ＡＩ利用の）タクシー配車支援システム」とするよう指示しています。

このように、商標登録されていることを知らず一般名称と誤解して書いてしまうことは少なからずあります。商標権者はもちろん、間違われた他社にとっても失礼なことになってしまいます。

有名な商標（上）と一般名称（下）の言い換え例をほんの一部挙げましょう。

アクアラング	簡易潜水具、スキューバ
エアロバイク	自転車型トレーニングマシン、自転車型運動器具
エレクトーン	電子オルガン
オーロラビジョン	大型スクリーン、大型ビジョン
カラーコーン	コーン標識、パイロン
キックボード	キックスケーター
キャタピラー	走行用ベルト、無限軌道（車）
形状記憶シャツ	形態安定シャツ

セメダイン	接着剤
セロテープ	セロハンテープ
宅急便	宅配便
タッパー	（プラスチックの）食品保存容器
タバスコ	ペッパーソース
テフロン（加工）	フッ素樹脂（加工）
伝言ダイヤル	伝言サービス
ピアニカ	鍵盤ハーモニカ
ポリバケツ	プラスチック（または合成樹脂製）のごみ容器
ボンド	接着剤
マジック	（油性）フェルトペン
万歩計	歩数計

商標かそうでないか分からないときは、独立行政法人工業所有権情報・研修館によるJ-PlatPat（特許情報プラットフォーム）というウェブサイトで検索するのが一番です。

しかし、単に検索にひっかかるからといって、その言葉そのものが使えなくなるわけではありません。それぞれの商標がどういう用途として用いられるかによって、その商標名は一般語として用いてもよいと判断できるのです。

例えば「ガムテープ」は商標検索でも確かにヒットします。しかし出てきたページの最後を見ると、【商品及び役務の区分並びに指定商品又は指定役務】のところに「コーヒー及びココア、茶、調味料、香辛料、穀物の加工品、菓子及びパン」など食品関係はたくさんあるのですが、私たちがよく利用する荷造り用のテープとしては見当たりません。ですから梱包《こんぽう》に使う物としては「ガムテープ」は一般名称とみなせます。

第4章 いわゆる差別表現

理解と配慮があれば

差別表現について論じるのは常にジレンマが伴います。具体的な表現を書くことで、今まで知らなかった層にまで差別表現を知らせてしまうというリスクがあるのです。

この章でも具体的な差別語が出てきます。ここに書くことで、いわゆる「寝た子を起こす」結果になり、新たな差別を生じさせる恐れは感じています。

けれども、単に差別語とされる用語を片っ端から使えなくすれば差別がなくなるかといえば、そういうものではないでしょう。「臭い物にふた」ではなく、差別される人々への理解と配慮こそが求められるのではないでしょうか。

差別語・不快語は自分に突き付けられたものという想像力を働かせることで、マニュアルに基づき言い換えるのではなく、差別される人々の気持ちに少しでも寄り添うことができたらと考えます。

「ら」は不適切か

２０２０年４月には北海道白老町でアイヌ文化施設「民族共生象徴空間（通称ウポポイ）」がオープンします。それ以前から、アイヌの骨を研究のために墓から掘り出していた大学が非を認めて骨を返還するなどの動きがニュースになっていました。

そんな中、次の毎日新聞記事に対し、読者からクレームが来ました。

> 北海道大は15日、１９３０年代ごろ研究目的で墓地から掘り出したアイヌの遺骨12体について、日高地方のコタン（集落）再建を目指す「コタンの会」などに返還した。アイヌらが、掘り出したのは供養の侵害に当たるなどとして北大を相手に札幌地裁に返還を求めて提訴し、３月に和解が成立していた。（２０１６年７月16日）

この中の「アイヌら」が問題視されたのです。「アイヌら」では「やつら」「あいつら」というふうに取れてしまうので「アイヌたち」にすべきだ、という意見でした。

はたして「ら」は見下した言葉なのでしょうか。新聞では「首相ら」など「ら」を多用しています。

この読者の抗議とは関係ありませんが、毎日新聞校閲センターでは、ウェブサイト「毎日ことば」とツイッターなどを利用し、「首相（ ）5人が出席」というときに「ら」を使うか「など」を使うか伺いました。「首相ら」の「ら」には失礼な語感があるかもしれないという懸念をふまえての調査です。結果は「首相ら」が70％近くと「など」を圧倒しました。少なくともこの文脈では「首相ら」で問題なさそうです。

しかし、ことアイヌについてはどうでしょう。少数民族として差別され、同化政策を強いられ、民族そのものが危機的状況にある人々について、「首相ら」と同じ評価が下せるでしょうか。「アイヌら」にたとえ大多数の人が問題ないと思っても、これは多数決で決めることではないと思いました。

そこで社内の部長らで組織する用語委員会という組織に諮ってみたところ、「アイヌら」を使わなくすることに反対の声はありませんでした。言い換えとしては「アイヌたち」「アイヌ（民族）の人々」「アイヌをはじめとする……」などを提示しました。最後の「はじめとする」というのは、「アイヌら」という場合、アイヌではないがその支援者が含まれている場合があるので、そのときは具体的に書くように誘導する意図があります。

単一民族国家の幻想

麻生太郎副総理兼財務相は２０２０年1月、講演で「２０００年の長きにわたって一つの国で一つの場所で一つの言葉で一つの民族、一つの天皇と王朝」「１２６代の長きにわたって一つの王朝が続いている国はここしかない」と述べました。「王朝」という言葉も疑問符が付きますが、それより問題視されたのは単一民族の部分です。麻生さんは総務相当時の２００５年にも同じ趣旨の発言をしました。しかし政府は２０１９年5月施行の「アイヌの人々の誇りが尊重される社会を実現するための施策の推進に関する法律」（アイヌ民族支援法）ではアイヌについて「日本列島北部周辺、とりわけ北海道の先住民族」と明記しています。

翌日の閣議後記者会見で、「誤解が生じているなら、おわびの上、訂正します」と発言を撤回しました。「誤解が生じているなら」って何でしょうね。不適切発言で批判された政治家の決まり文句ですが、「誤解する方が悪い」と言わんばかり。訂正にも謝罪にもなっていません。

講演での「一つの民族」発言は、2019年の日本でのラグビー・ワールドカップで日本代表が初めてベスト8になったことに触れた直後にあったそうです。日本代表はさまざまな国の出身者によって「ワンチーム」となったということをふまえ、国の多様性が力になった、日本社会も外国人の人材を受け入れてさらに経済を発展させ……などと展開するなら理解できるのですが、麻生さんは何を思ったか（多分「日本」の偉業のみが頭にあった？）王朝の話へと強引に話を転換させているのです。

同じような政治家の発言は以前から相次いでいました。古くは1986年、当時首相の中曽根康弘さんが「日本は単一民族」と発言し、それを釈明するのに「私なんかも、まゆ毛は濃いし、ひげは濃いし、アイヌの血は相当入っているのではないか」と差別的発言を国会の場でしたことが問題になりました。

その後、「先住民族の権利に関する国際連合宣言」が採択されるなど、国内外で先住民族への配慮を求める動きが強まり、初めてアイヌが先住民族であることを法律で認めた「アイヌ民族支援法」の制定となったのです。閣僚の一人としてそのことを知らないはずはないのですが、日本は単一民族という意識が染み付いていて、ついぽろっと出てしまうのでしょう。

国会で視覚障害者への差別語

ここで、いわゆる差別語とされている語そのものを記すことをお許しください。「視覚障害者を表す隠語」などとすると何のことか分かりませんから。

2017年6月5日の衆議院決算行政監視委員会で、安倍晋三首相は内容を精査しないで承認することを「めくら判」と繰り返し表現したそうです。直後に「言葉として問題があるので訂正したい」とも述べました。

「めくら判」は、『広辞苑』（第7版）によると「文書の内容を吟味せずに承認の判を捺《お》すこと」。私は「めくら判」という言葉になじみがなく、ほとんど死語化していると思っていたのですが、安倍首相やその周辺（野党もこの件での追及はしていないようですのでその周辺に含まれるかも）ではしっかり生きていたようです。その発言によって、「めくら」という新聞で使わないはずの語が、報道のために使わざるを得ないというジレンマに陥りました。毎日新聞は結局、翌6月6日の朝刊で「めくら判」という言葉そのものを使って報道しました。

では、首相発言はどういう言葉に訂正されたのか、あるいは削除されたのか知りたいと思って国会会議録を検索しますと、あれれ、そのままではありませんか。「めくら判」という言葉は2年半以上たった2020年1月現在、訂正されていません。「めくら判については言葉として問題がありましたので訂正をさせていただきます」という発言もその通りに記録されていて、でも記録上は全然訂正されていません。

毎日新聞では訂正記事を出すとき、どう変えるのか、あるいは問題部分を削除するのかが厳しく問われます。それをはっきりしないと、ウェブ上の同じ記事やデータベースだけでも直そうとしてもどう直していいのか分からないからです。

ちなみに、安倍首相は2016年5月16日の衆議院予算委員会で「私は立法府の長であります」と述べました。首相の意識はともかく、これは明らかに「行政府」の間違いでした。国会会議録では「私は行政府の長であります」と訂正されています。もっとも、これだけでは首相は誤った発言をしたという事実は隠されています。そういうのはすぐ直すのに、差別的な発言については訂正を求めなかったのでそのままになっているのでしょう。

さて、視覚障害の当事者は「めくら」という言葉をどう感じているのでしょう。遠藤織枝・文教大学教授（当時）のアンケート結果によると、「めくら」を「さしつかえない」と感じる人はわずか6・8％で、「絶対に言わない」51・3％、「避けたい」

37・2％と合わせて9割近くとなりました。

「めくら判」という言葉の使用についても尋ねています。「さしつかえない」25・6％、「避けたい」27・8％、「絶対に言わない」28・6％。「めくら」そのものよりも容認派が増えていますが、半数以上は拒否派です。

これらのアンケートは遠藤さんの『視覚障害者と差別語』（明石書店、2003年）にまとめられています。この本には視覚障害のある医療ソーシャルワーカーによる「当事者として差別語・差別の意識について思う」という文章が掲載されています。「めくら判」については、ある会議で課長が「めくら判を押して」と言い、会議後に当人が謝ってきたということです。誠実な対応だったと評価しつつも、「やはり絶対に使ってほしくない」と記しています。

なお、「めくら判」の言葉は差別を意図したものではなく、差別を助長するとも思えないという意見はあるかと思います。それに対しては、こう考えればどうでしょう。

仮に「スケ判」という言葉があったとします。それが「女性は文書の内容や適否がよく分からないので、てきとうに判を押す」という意味だとしたら、きっと女性は烈火のごとく怒るに違いありません。それでも我がことと感じなければ「老人判」と言い換えればどうでしょう。決裁のはんこを押すことが多い年配の男性は、若いやり手に「老人判」と思われているのかもしれませんよ。

だから「めくら」という言葉そのものもいけませんが、障害者を能力の劣った者のたとえとして使う用法の方がより問題なのです。自分に障害がないと、なかなか障害者の気持ちは理解しづらいのですが、このように立場を置き換えてみると少しは差別される感覚が想像できるのではないでしょうか。

ここでワイツゼッカー元ドイツ大統領の1985年の有名な演説を思い出してみましょう。「過去に目を閉ざす者は現在にも盲目になる」と訳されることも多いのですが、毎日新聞では現在「過去に目を閉ざす者は現在も見えなくなる」と書くことが多くなっています。

余談ですが、安倍首相は「桜を見る会」招待者名簿を野党議員が資料要求した直後に廃棄したのが内閣府の「障害者雇用職員」だったと国会で明かしました。これ、障害者に対してとても失礼な発言だと思いませんか？　毎日新聞の記事によると「障害者のせいにしているように聞こえてなりません」「障害者を身近に持つ身としては涙が出てきました」という反応があったそうです。

「〜難民」の乱用

２０１９年12月28日の毎日新聞ニュースサイトによると、某化粧品会社が「日本の、美容液難民へ。」という宣伝文句を使った広告を電車内などで掲示し、「軽々しく難民という言葉を使うのは無神経」との批判を受け広告の撤去と変更に追い込まれたそうです。「自分に合う美容液が見当たらない」「どの美容液が良いのか分からない」という女性の悩みを「難民」と表現したそうですが、「難民という言葉に無神経すぎる」「日本では難民という言葉が乱用されすぎる」などと批判されました。

「難民」という言葉を比喩として使うようになったのはいつごろからでしょうか。毎日新聞では１９９２年の「昼食難民」が古い例。オフィス街で昼食を食べる所がどこも満杯でうろうろする状況を表す言葉でした。「就職難民」という言葉も少し後に現れ、１９９５年の阪神・淡路大震災以降「帰宅難民」という言葉が流行しました。２０１８年には運送業者の人手不足により「引っ越し難民」が頻出したのは記憶に新しいところです。

苦しい状況のたとえとして難民を持ち出すのは、おそらく難民の実情を知らない人だと思われます。あまりにも苦難のレベルが違いすぎ、難民に失礼な表現だということに気付かないのです。安直にたとえに持ち出されるのは、前項の視覚障害者の他、自閉症などにもよくあることです。差別や障害に苦しむ人に思いを致せば、「最近自閉症気味で」なんてことは口に出せないはずですが。

また、日本海側を示す「裏日本」という言葉は最近では見なくなりました。その地方に住む人を「裏」というのは太平洋側の人の自己中心的な見方という反省が行き届いたものと思われます。しかし、ブラジルを「地球の裏側」と書いたりすることに何の抵抗感も持たない人はまだ多いようです。日本を「表」とする自国中心の見方であり、そこには無意識であれ「裏」を見下している感情が潜んでいるといえます。せめて「地球の反対側」と書くべきでしょう。

コロンブスの1492年のアメリカ大陸「発見」もヨーロッパから見た言い方であり注意したいところです。毎日新聞では「到達」としています。

「未亡人」も「入籍」も不適切

日本映画珠玉の名作『東京物語』（小津安二郎監督、1953年）。最後の場面、原節子さんの涙とそれを優しく受け止める笠智衆さんの演技に何度泣かされたことか。

原節子さんが演じるのは、笠智衆さんの義理の娘で、夫は戦死しています。

原節子さんが2015年に亡くなったとき、「東京物語」の役について「戦争未亡人」とした訃報記事がありました。この「未亡人」という言葉、戦後しばらくは当たり前のように使われたのでしょうが、今ではなるべく使わないようにしています。

『新明解国語辞典』第6版（2005年）で「未亡人」を引くと、こんなことが書かれていました。

もと、主人に死に後れたことを「くたばりぞこない」と自嘲した語

自嘲とはいえ、ひどい表現ですね。2011年の第7版ではさすがに「主人の死後も生き続けていることを謙遜して言う語」と修正されました。

それはともかく、いくら映画の登場人物とはいっても、軽々しく未亡人という前近代的な言葉で説明するのはいかがなものでしょう。毎日新聞では「夫を戦争で失い」などと説明しました。

「未亡人」という言葉からは、「夫が死んだのに妻はまだ死んでいない」ことに負い

目を感じるほど、妻が夫に仕えていたという封建時代の精神が感じられます。現代でも、その残りかすのような言葉があります。

「夫人」もその一つです。なにしろ「夫の人」と書きますから。ただ、辞書では従属的というよりも他人の妻の敬称としての位置付けのようです。この語自体が差別という声は多数派ではないかもしれません。

しかし「安倍首相の昭恵夫人」などとなると、気になってきます。昭恵さんが安倍首相の持ち物みたいな書き方だという意見もありました。そこで毎日新聞では、基本的に「安倍首相の妻昭恵氏」と表記するようにしています。

ちなみに、「入籍」という言葉も戦前の家制度の名残であり、現在の日本では既存の籍に入るのではなく、新しい戸籍を作ります。だから「入籍」はほとんどの場合、誤用といえます。ただし養子縁組や再婚では制度上、入籍となることもありますが、その場合もなるべく使わないと毎日新聞では定めています。

ではどう書いているかというと、「婚姻届を出す」。見出しなど簡潔にしたい場合は「結婚」でもよいでしょう。

しかし芸能人の結婚の場合、報道機関宛ての文書やブログを使うことが多いのですが、そのほとんどが「このたび入籍いたしました」など「入籍」となっています。たまに「婚姻届を提出いたしました」とあると拍手を送りたくなります。

「なんか」「くんだり」に表れる差別感

いわゆる差別語を全く使わなくても、差別感情があれば言葉の端々に表れます。第一線で取材する一般記者にとって、校閲というのは、人が気にしない細かい表記について、重箱の隅をようじでほじくるような仕事をしているというイメージがあるのかもしれません。

そういう意識があると、ふと言葉に表れることがあります。以前、取材記者から校閲に異動になった人に対し、旧知の間柄と思われる人がこういう言葉をかけました。

「校閲なんかやっているんだ」

言った人はその直後、周りに目をやって「しまった」という表情をしました。言った相手や、周りにいる校閲者に対する配慮に欠けた発言と気付いたようです。

この手の表現は、悪気があったとは思いませんが、だからといって許されるものではありません。いわゆる差別語ではないのですが、使う人に見下す意識があれば「なんか」という言葉で出てくるのです。

この「なんか」を「など」に言い換えれば済むかというと、同じことだというのはお分かりだと思います。単に「校閲やっているんだ」と言えばよかったのです。

似た例では「校閲ならできる」も、場合によっては不適切となります。例えば新聞社の校閲記者を志望する動機として「一般記者は難しくても、校閲ならできると思いました」なんて書いたら、校閲の仕事を甘く見ていると思われるかもしれません。「……でもいい」も同様。新聞社の面接などで「校閲でもいいです」と言うと、「でも」は余計とみなされます。ちなみに『大辞林』（第4版）には「でもしか」という項があり

〔「…にでもなろうか」「…にしかなれない」などの助詞「でも」と「しか」から〕職業や身分を表す語に付いて、無気力な、能力の低いなど、やや軽んじていう意を表す。「――教師」

と書いてあります。現在でも「でもしか教師」という言葉が使われているかどうか

は分かりませんが、「でも」「しか」によくないイメージが付きまとうことは念頭に置くべきでしょう。

「までして」も、例えば苦労した末に成功した人が「……までして」と言ったとしたら、本人にそのつもりがなくても、その職業についている人は不愉快な印象を抱くかもしれません。

場所についても同じことがいえます。以下は『岩波国語辞典』の用例について『辞書の仕事』（増井元著、岩波新書）に報告されている話です。

「くんだり」に「青森くんだりまで来た」という用例があったことに、青森の中学校の先生から「もし教室の生徒の誰かがこの記述を目にしたならば、その者はどんな思いをするだろうと想像すると、胸が痛むのです」と、冷静で説得力のある異議申し立てがあったとのこと。それを受けた増井さんはこう述べます。

「くんだり」はどんな地名に付けてもよいのではない、中心から「下《くだ》って行った」土地というのが意味の中核です。今風に言えば、「上から目線」のことばです。

つまり「くんだり」を具体的な地名をかぶせて使うこと自体、その地の人を格下とみなす意識が表れるということです。

ちょっとした言葉尻と思う人もいるかもしれません。しかし読む人、聞く人がどう思うかを相手の立場になって考えることが、言葉を円滑に伝えるためには必須です。あからさまな差別語ではなくても気を付けなければなりません。

修正された「おたく＝暗い感じ」

「差別」とまでいかなくても、「名付け」によってひとくくりにすることで、何となく固定的イメージによるレッテルが貼られてしまうことがあります。

「おたく」という言葉について辞書で調べると、元の「相手、あるいはその家」の尊敬語としてではない新しい用法が加わりました。そう、「アニメおたく」などの使い方です。

「おたく」という言葉は新聞で使えるのか聞かれたこともあります。何度も見たことがあったので「使っていますけど」と答えましたが、「殊更に変わった人々のような書き方はしない方がいいですね」と付け加えるべきでした。

『岩波国語辞典』の「おたく」の記述を2011年の第7版新版から一部引用しましょう。

自分の狭い嗜好《しこう》的趣味の世界に閉じこもり、世間とはつき合いたがらない（暗い感じの）者。「パソコン――」

『三省堂国語辞典』第6版（2008年）でも「特定の趣味にのめりこんでいる（内向的な）マニア」となっていました。

もちろん、内向的な性格の人は少なからずいるでしょうが、問題は辞書の記述として「おたく＝暗い、内向的」と定義付けたことです。語釈の筆者が世間の漠然としたイメージに基づき書いたのだとすると、一方的な決めつけだと「おたく」の人々が反発するのは必至でしょう。

その反省かどうか、『岩波国語辞典』は2019年に出たばかりの第8版で、かなり変更しています。

特定の趣味的分野を深く愛好し、人並み以上にその分野の知識や物品を保有・収集したり、行動したりする者。「アニメ――」▽普通は仮名書き。一九八三年に中森明夫が「『おたく』の研究」で言い出した頃には、視野が狭く社交性に欠ける者というイメージを伴っていた。九〇年代以降サブカルチャーとして積極性を帯びても使う。「ヲタク」あるいは略して「ヲタ」と書くこともある。

『三省堂国語辞典』でも第7版(2014年)で「内向的」の文言が取れ、「最初はけいべつの感じが強かった」という注釈が加わっています。変更前の辞書の記述も、軽蔑とは言いませんが偏見が入っていたかもしれません。

同性愛は「禁断」ではない

ある社のツイッターで「禁断のボーイズラブ」などの表現は不適切でした、というおわびがありました。ボーイズラブ、つまり男性同士の恋愛を描いた本を紹介するコーナーへの誘導を図るツイートだったのですが「禁断」という言葉が批判を呼んだようです。

「禁断」は文字通りでは「ある行為をさしとめること」(『広辞苑』第7版)という当たり前の語義に気付かされました。「禁断の木の実」というイメージから、甘い誘惑を伴う使い方に慣れてしまっているのですが、強い禁止が前提なのでした。もちろん、アダムとイブの昔から、やってはいけないとされているからこそ人間は引かれる部分もあるのですが、この場合はそもそも禁止という前提がないのに禁断という言葉を使ってしまったのが問題になったわけです。

台湾で同性婚が実現したように、昨今「同性婚」「同性カップル」という言葉は新聞でも多く取り上げられるようになりました。同性のカップルを「禁断」どころか一つのあり方として普通に認めることが求められています。

しかし、同性婚という言葉が増えるにつれ「同姓婚」という変換ミスも散見されるようになりました。もちろん山田さんと山田さんが結婚した場合「同姓婚」という言葉は間違いではないのですが、その場合「同姓同士の結婚」などと書きたいところ。「同姓婚」という誤字を見るに付け、まだ日本はパソコンも含めて同性カップルに対応していないなと思いつつ赤字の直しを入れるのです。

「ＬＧＢＴ」でひとくくりにしない

「ＬＧＢＴ」は21世紀になって急に取り上げられるようになった言葉です。

毎日新聞では２００６年5月の北海道版に「同性愛や性同一性障害を持つ性的少数者（ＬＧＢＴ）」として載ったのが、確認できる最初の例です。２０１５年ごろから、爆発的に頻度が増えました。当初は「ＬＧＢＴ（レズビアン、ゲイ、バイセクシュアル、トランスジェンダーの略で、いわゆる性的少数者の総称）」など長く説明することが多かったのですが、だんだん「ＬＧＢＴ（性的少数者）」などと短い注釈で済ませることが多くなってきました。

この表記に対し「ＬＧＢＴは性的少数者と同義ではない」という声が上がりました。レズビアン、ゲイ、バイセクシュアル（両性愛者）、トランスジェンダー（体の性別とは異なる性別を自認する人）以外にも性的少数者はおり、例えば「クエスチョニング」といわれる、自分のセクシュアリティーが分からないという人や状態はＬＧＢＴとはいえない、ということでクエスチョニングの頭文字も含め「ＬＧＢＴＱ」という用語も登場しています。そういう状況もふまえ、毎日新聞では２０１６年以降、原則として「ＬＧＢＴなど性的少数者」と書いています。

そうまでしてLGBTという分かりにくいアルファベットを使う必要があるのだろうか、「性的少数者」という日本語だけで十分ではないかという意見もあると思います。私自身もそういう思いが抜けきらないのですが、こうも考えます。性的少数者というひとくくりの語で表現すると、あまりにも多様な性の形があることが見失われないか。その多様性をなるべく具体的に表すための「LGBTなど」ではないかと。

しかし、使っているうちにいつしか具体性は失われて単なる記号と化した側面があるのかもしれません。例えばトランスジェンダーのことしか書かれていない記事で「LGBT」という見出しが付いたことがあります。また、「トランスジェンダーの男性」という記事が出たこともありますが、その人の男性らしさを排除する生きかたを否定する表現になってしまいました。

『広辞苑』も2017年発売の第7版で初めて「LGBT」を載せたのですが、「多数派とは異なる性的指向をもつ人々」という語釈が問題になりました。T（トランスジェンダー）の人は「性的指向」ではなく「性自認」のあり方が多数派と違うということです。岩波書店は非を認め「広く、性的指向が異性愛でない人々や、性自認が誕生時に付与された性別と異なる人々」と説明を改めました。

この中の「性的指向」という用語も要注意です。うっかり「性的嗜好《しこう》」と書くと大違いで、小児性愛のような病的な好みについて用いられる言葉になってしまいます。また、「性的志向」というのもあまり適切といえません。「志向」には志という漢字が示すようにしっかりした意志が向かう方向というニュアンスがあります。しかし異性にせよ同性にせよ性的に引かれるのは意志というよりいつの間にか自然にそうなっているものでしょう。だから以前は毎日新聞でも「性的志向」という表記が見られましたが、今は「性的指向」と書くようにしています。

民間のＬＧＢＴ総合研究所が全国の20～60代を対象に２０１９年に実施した調査では、ＬＧＢＴを含む性的少数者の割合は10・０％だそうです。すぐそばにいる人が実はだれにも言えずに苦しんでいるかもしれません。自分の価値観で言葉を使うのではなく、立場が異なる人々への理解と配慮を忘れないようにしたいものです。

第5章 イラッとする使い方

仲間内だけで結構です

「イラッとする」というのは平成になってから生まれた言葉かもしれません。昔は言わなかったと年の離れた後輩に言うと、意外そうでした。

以前はなかった・使われなかった言葉を不用意に使うと、年配者の不興を買うことになります。仲間内だけのやりとりにとどめてほしいと思います。

しかし仲間内では当然のように使っていると、年配者には分からないということが分かっていないかもしれません。この章の例を参考にしていただけたら幸いです。

不愉快な「だそう。」

私はしばらく前から、テレビの情報番組のナレーターなどが「一番人気のメニューなのだそう。」などと言うのを聞くたびに「どうして『……だそうです』と言わないんだ」といらついてチャンネルを変えてしまっていました。

「そうだ」というのは伝聞の助動詞で、終止形はもちろん「そうだ」。丁寧に言うと「そうです」。「そう」で止めると語幹だけで、文法的に不完全です。ただし、同じ「そうだ」でも、伝聞とは別の意味である「態様」の助動詞「そうだ」の場合は、「雨が降りそう」で止めても違和感がない人が多いのではないでしょうか。若干くだけた感じはあるのですが、書き言葉でもコラムなどではよく使われていそう（です）。

しかし、伝聞の意味の「そうだ」の「だ抜き」となると、昔はあまり見た記憶がなかったのですが、ここしばらく、新聞の文章でも目に付くようになりました。「なお手を入れたそう。」（映画の紹介記事）、「1時間ほどだそう。」（ベテラン校閲記者へのインタビュー記事）、そして若い校閲記者の書いた文章にも「だそう。」が登場しました。

国語辞典では、新しい用法や意味を積極的に採用する『三省堂国語辞典』が第7版

(2014年)で「そう」を「『そうだ(助動)』の語幹」として立項し、「新作のロールケーキも人気だそう」という用例を載せています。もはやこの使い方は認知されているのでしょうか。

読者の意識を探るため、毎日新聞校閲センター運営のウェブサイト「毎日ことば」でアンケートを行いました。

「人気だそう。」など伝聞の意味で止める表現。違和感ありますか?

違和感あり。「だそうだ」とすべきだ　48%

自分は使わないが変とは思わない　30.9%

違和感はないし、自分でも使う　21.1%

三つの選択肢の一つとしては「違和感あり。『だそうだ』とすべきだ」の回答が圧倒しています。しかし「自分は使わないが変とは思わない」「違和感はないし、自分でも使う」を容認派としてひとくくりにすると、違和感派とほぼ半々という結果になりました。予想より容認派がやや多いという印象を持ちました。

なぜ「だ」というたった1文字を略すのでしょう。同じ「そうだ」でも伝聞とは別の意味である態様の助動詞が、「負けそう」など「だ」を略すことが多いので、その用法が広がっているということはあるかもしれません。インターネットでは国語学者や辞書編集者の意見として、「『だ』は着脱可能」「誤用とは思っていない」など、容認する意見が散見されます。

しかし思うに、同じ「そうだ」でも伝聞（「雨が降るそうだ」）と態様（「雨が降りそうだ」）の助動詞では用法も違うのではないでしょうか。伝聞の場合「雨が降る」だけでも文が成立するのに対し、態様の場合「そうだ」を取ると「雨が降り」で一つの文として完成しません。意味だけでなく使い方も違うのに、一方（雨が降りそう）が「だ」を省いてもよいから、もう一方（雨が降るそう）もよしとするのは、どうも納得がいきません。

また、ツイッターの反応でも、「人気だそう」だと「人気を出そうよ」という伝聞とは別の意味に見えてしまうという意見が複数ありました。先の毎日新聞での例では「なお手を入れたそう」は「入れたそうにしている」、「１時間ほどだそう」は「１時間ほどだゾー」と誤読される可能性もあります。そういう誤解があったとしても一瞬のことで、文脈で判別は可能でしょう。でも一瞬でもそこで読者がつまずいてしまうというのは読者に失礼で、文章の質を落としてしまうと思います。

放送会社でも議論になったことがあり、不十分な言葉と結論付けた社もあるとのことです。ツイッターでの反応はほとんどが違和感の表明でした。やはり伝聞の「そう」止めは避けるべきだと意を強くしました。

「違うかった」若者言葉か方言か

私は毎日新聞社採用試験で作文を採点したことがあります。その中でこんな記述に出合い「おやっ」と思いました。

「違うかった」

内容は忘れましたが、いかにも若者らしいと思ったことは忘れません。

若者同士の会話で頻繁に聞かれるのが「ちげーよ」という言葉です。念のため付記すると「違うよ」のくだけた言い方です。「ちがかった」「ちがくて」という言い回しもよく耳にします。

会話文としてならともかく、採用試験に地の文で書くくらいですから、作文の筆者は「違うかった」が正しい日本語と思っている可能性があります。若者言葉になじんでいるうちに、「違う」の過去形が分からなくなった例と思いました。

「違う」はワ行の五段動詞です。活用させると「違わない」（未然形）、「違います」（連用形）、「違う」（終止形）、「違うとき」（連体形）、「違えば」（仮定形）、「違え」（命令形）。「う」に続くときの未然形は「違おう」、「た」に続くときの連用形は「違った」です。

しかし、国立国語研究所の2012年「首都圏大学生の言語使用と言語意識の地域差に関する調査」によると、「ちがかった」は「言う」74％、「聞いたことがある」23％、「聞かない」4％でした。「ちがくて」も「言う」77％、「聞いたことがある」20％、「聞かない」3％と、同様の結果が出ています。

『違う』は動詞ですが、形容詞との意味的な共通性から、近年は若年層を中心に形容詞型の活用が普及しています」と同調査はまとめています。

では形容詞型の活用に「ちがう」を無理やり当てはめると、どうなるでしょう。

「ちがかろう」（未然形）
「ちがかった」「ちがく」（連用形）

「ちがい」（終止形）若者的には「ちげー」ですかね。
「ちがいとき」（連体形）同じく「ちげーとき」？
「ちがければ」（仮定形）

やはり、無理があるとは思いませんか。

文法というのは、理屈通りいかないことが少なくありません。規範とされる文法にも、例外がたくさんあります。それでも先人が体系付けた、学校で習う程度の動詞と形容詞の違いは押さえておきたいものです。

ところが、2019年に出た『大辞林』第4版では、「ちがかった」「ちがくて」「ちがくない」が見出し語として入りました。これにはびっくり。「ちがくない」はこんな記述です。

ちがくな・い【違くない】〔連語〕〔動詞「違う」を形容詞としてとらえ、その連用形「ちがく」に補助形容詞「ない」の付いたもの。近年の若者言葉〕違わない。〔主に疑問の形で用いる〕

ところで、私は「ちがかった」は若者言葉と思っていたのですが、毎日新聞のあるミニコラムで触れたところ、大分県佐伯市の方から「日ごろ『ちがうかったん?』『ちがうかったんよ』という形で使っている」という指摘を受けました。その作文の筆者の出身地はともかく、実は方言という可能性も出てきました。

とはいえ方言だとしても、若者言葉と同様、公式の場での使用は控えるべきでしょう。

「すごい多い」間違い

「すごい多い」と言う人、それこそすごく多いですよね。

「すごい」も「多い」も形容詞です。「多い」に続けるなら連用形「すごく」になるべきです。「すごく」は形容詞連用形というよりは副詞とする見方もあるようですが、いずれにせよ「すごく」が正しいといえます。

文化庁の「国語に関する世論調査」によると「『あの人は走るのがすごく速い』ということを、『あの人は走るのがすごい速い』と言う」と答えた人は、2003年度で46・3%、2011年度で48・8%。「言わない」と答えた人は2003年度の52・9

%から2011年度では50・3%になっています。その差が1ポイント近くまで接近しているので、今後の調査では「すごい速い」が逆転し多数派になるかもしれません。

仮にそうなったとしても、この調査は話し言葉として言うかどうかを聞いたものですから、書き言葉では今後も「すごく速い」が正規の言葉とみなされるでしょう。『新選国語辞典』（第9版）でも「話しことばでは、『すごい大きい』『すごいきれいだ』のようにいうこともあるが、一般的ではない」とあります。

「温めますか?」「結構です」

コンビニで弁当を買います。「温めますか?」とアルバイト店員に聞かれ「結構です」。しかし相手は、どうしていいか分からぬ様子。こんな経験はありませんか。

私の場合、「結構です」と断ったにもかかわらず弁当を温められたことが一度や二度ではありません。しかも、コンビニにいるのが当たり前になった外国人店員ではなく、明らかに日本人の若者です。最近の若いモンは「結構です」が断りの言葉ということも知らないのか！

――とムカッとした後、冷静になって考えてみると「結構です」なんて温めていいのか悪いのか分からない言葉ですね。

もともと「結構」は、構造・構成と同義でした。「文章の結構」などと、たまに小難しい論文には出てきますが、この意味での結構は話し言葉では既に死語。「結構なお味」というと褒め言葉になり「もう結構」となると断ることに。「いいですね」「もういいです」と同じく、状況によってイエスにもノーにもなる、曖昧で不可思議な日本語の典型です。

多分アルバイトを始めて日が浅く、それまでの人生で「結構です」の使い分けの機微を習得してこなかったのであれば、「断っただろう！」と怒るのも大人気ない気がします。そんな経験を何度かしたので、やむなく私は「温めますか？」と聞かれたら「いいえ、結構です」と、「いいえ」を付けるか、手を横に振って「結構です」と断るようになりました。

同僚との雑談で「はっきりノーと言わないのが日本語の奥ゆかしさだったのに」とぼやくと、同僚は「今は『大丈夫です』と言って断るんです。だから『結構です』という断り方に慣れていないんでしょうね」。なるほど、そういえば若い人はやたらと「大丈夫です」を使うなあ。

別の同僚は「私は『温めますか』という聞き方も気になります。『温めましょうか』と言うべきじゃないですか」。言われてまた「なるほど」と思いました。なんとなく違和感はあったかもしれませんが、「結構です」への店員の反応の方に気を取られて、より適切な聞き方が何か考えたこともありませんでした。

気になっていたのはその同僚だけではなかったようです。『問題な日本語 その4』（北原保雄編著、大修館書店）で取り上げられていました。

弁当を温めるという自分の行動について、「お弁当、温めますか？」と尋ねることは、「私にお弁当を温める意志がありますか？」と客に聞いていることになり、実におかしな表現です。

「w」「草」って何？

平成から令和への改元を3日後に控えた2019年4月28日、毎日新聞のある連載記事に「結婚キターーｗｗ」という見出しの記事が載りました。動画共有サイト「ニコニコ動画」を楽しむ人たちのイベントであった結婚式の生中継に対し祝福の投稿がモニターに並んだという記事です。

後日、毎日新聞の紙面を事後チェックする会議で「分からない」と戸惑いの声が上がりました。疑問は記事の中身にも関係するのですが、ここでは単純化して「キターｗｗ」が分かるか分からないかということで紹介します。「キター」については「期待していたものが登場した」といった意味の若者言葉で、「ネットの世界の雰囲気は伝わる」などとの肯定的評価で議論がまとまりそうでした。私は「ｗｗは高齢者には分からないのではないか」と異見を述べました。「これがあるからいいのでは」という反応もあって議場は少しざわつきましたが、時間の関係もあり「高齢者にも配慮を」ということで、この件の議論は打ち切られました。

ただ、ｗｗは高齢者に意味不明というだけではありません。私も仕事の関連でツイッターを見ることが多いのですが、ｗｗは「嘲笑」のニュアンスがある場合が少なくないと感じます。そういえば『三省堂国語辞典』第7版（2014年）にネットで使われる「ｗ」を入れたことが話題になったことがありました。改めて確認。「ダブリュー」の④の意味として確かに出ています。

〔インターネットで〕（あざ）笑うことをあらわす文字。「まさかwww」〔二十一世紀になって広まった使い方〕

（あざ）とカッコ付きとはいえ、単に「笑うこと」だけではないということは「あざ笑う」というケースが多いことを示しています。私の実感としても、嘲笑抜きで単に「笑える」と言いたいと思われる場合もありますが、ふざけてからかっているという感じの文も少なからず見受けられます。

嘲笑のイメージで捉えていると、「結婚キターーｗｗ」は意味が分かっても「結婚をねたにして笑いものにしているのか」という、あらぬ誤解をする読者だっていないとも限りません。

ちなみに、ツイッターでは文章の終わりに「草」と付ける場合もあります。私はこれが何のことか分からず「臭い」つまり不愉快ということかなと思っていました。「令和の辞書」がうたい文句の『大辞林』（第4版）には「草」の⑤の意味が加わっています。

〔俗語〕笑い。あざけり笑うこと。〔SNSなどの書き言葉でwarai（笑い）を省略したwを連打したwwwwを、繁茂する草に見立てたことから〕

とあります。「臭い」ではなかったのですが、「あざけり」という語感はwと共通のものとして明記されました。

wwにしても「草」にしても、常にあざけりが含まれているとは限りません。しかし、仲間同士のやりとりにしても、ツイッターなどのSNSにしても、単純に「受けた」ことをアピールするつもりが、冷笑と受け取られ、相手の気分を害する可能性もあることを心してほしいものです。

ついでに申し添えると、メールやツイッターなどで顔文字を使うのはいいのですが、時と場合によっては失礼になります。特に謝るときに使うと、相手が怒るかどうかは分かりませんが常識を疑われることは間違いありません。お気を付けください。

いいわけない「いさぎいい」

某コーヒーのCMで「いさぎいいっすねえ」というのがありました。変です。

「よい」をちょっとくだけて「いい」ということはあります。書き言葉では「よい」の方がよいのですが、しゃべり言葉をカギカッコでくくって記す場合は「よいですね」より「いいですね」などの方がむしろ自然です。

しかし「いさぎよい」に関しては「いさぎいい」にはなり得ません。なぜなら「いさぎよい」の「よい」は「良い」ではないからです。「いさぎよい」は漢字では「潔い」です。

「潔い」の語源は『日本国語大辞典』（小学館）によると「いさ」の解釈に諸説あるようですが、後の方はいずれも「清い」で共通します。「いさぎ」「よい」ではなく「いさ」「きよい」と分けられるのです。

だから「いさぎ良い」という漢字も間違いだし、「いさぎいい」というのも不適切です。ましてや「いさぎ悪い」となるはずもありません。「清い」から来ていると考えると「潔い」という漢字もしっくりきます。なにしろ「清潔」の「潔」ですから。

もっとも、某コーヒーのＣＭは、若者の「いさぎいいっすね」の後に「いさぎよく、いこう」とナレーションが入ります。これは正しい日本語。ということは、「いさぎいいっすね」は正しい使い方を分かったうえであえて若者言葉として崩してみせたのでしょうか。しかし、くだけても「いさぎよく」は「いさぎいく」とはなりません。だから、CMで正しい用法と誤用を戦略的に対置させたとは考えにくいのです。

わざとにせよ知らなかったにせよ、「いさぎいい」という誤用は広がってほしくありません。ところが、毎日新聞にはまさか出ていないだろうと思いつつ一応データベース検索をすると、少数ながら使用例がありました。一つは連載小説の中の「いさぎいいじゃねえか」というせりふ、もう一つはエッセイストの「未練がましくないのはいさぎいいよな」という一文です。前者は若者言葉としてあえて使ったのかもしれませんが、そういう言い方もあるというように誤認されてしまうと不本意。紙面だけでなく単行本でも残ってしまい、残念です。

「前倒す」は俗語の動詞化

「前倒す」という動詞を見たことがありますか。インターネットでは例えば「選考開始時期を8月から6月に前倒すという案も選択肢の一つであろう」という形で出ています。

「前倒す」なんていう動詞は、確認できた限りではどの辞書にもありません。「前倒しする」が文法的に適切です。

手持ちのパソコンで「まえだおす」と入力しても「前田推す」などしか出てきません。これも「前倒す」という日本語が本来、ないことを表していると思われます。

毎日新聞校閲センターが運営する「毎日ことば」で「予定を『前倒して』事業を進める――この言い方、気になりますか？」とネットアンケートをしました。結果は、「前倒しして」で問題ないという選択肢を選んだのが7・5％、「前倒しして」を使うという人が83・2％でした。「前倒す」という動詞化は進んでいないようです。

ところで、文化庁の2013年度「国語に関する世論調査」によると「事故る」「パニクる」は50％前後の人が「使うことがある」と答えています。

もっとも、この調査結果だけでは分かりませんが、おそらく「事故る」を使う人も「事故」が名詞であり、「事故に遭う」が正しく「事故る」は正式な言葉ではないことは知っているのではないでしょうか。だから仲間内では使っても、公式の場では控えると思います。「パニクる」も同様です。

しかし政財界などの公式ホームページでは、「前倒す」が当たり前のように使われています。ということは「前倒す」という言葉が俗語ではなく普通の言葉と、一部で思われている可能性があります。そして政財界を取材対象とする新聞記者も、相手が当然のように「前倒す」を使うので、記事にする際についい使ってしまうという例が少なくありません。

なお「前倒し」という名詞も、実は歴史の浅い官庁の俗語のようです。『岩波国語辞典』（第8版）には「『繰り上げ』でも済むのに、一九七三年ごろに官庁俗語として現れたのが、広まった語」とあります。現れてわずか数十年で「前倒す」という動詞を発生させてしまうのも、もともとが俗語だからでしょうか。

また、経済関連の記事の原稿で「上積みする」を「上積む」と動詞化してしまう例もありました。全くもって、どうしたものでしょう。

ちなみに、「前倒し」に対し「後ろ倒し」という言葉も生まれました。２０１３年に就職活動の解禁時期を大学3年時の12月から3月へと後の方にずらす方針が打ち出され、一部マスコミでこの言葉が盛んに用いられました。

従来なかった言葉なので違和感を持つ向きがあり、全国の新聞・放送の用語担当者による会議でも取り上げられました。「使っている」という社は少数派でしたが「『先送り』や『繰り下げ』だと少し違う感じ。『後ろ倒し』は分かりやすい」「辞書にほとんどないからといって正しくないとはいえない」という意見が出ました。しかし大勢は「抵抗がある」「取材先の官庁でさんざん使われているのだろうが、違和感が強く当面使わない」といった慎重派でした。毎日新聞でも、可能な限り控えています。

それにしても官庁の人って「倒す」という言葉が好きなんでしょうか。いや逆に、決まったスケジュールはできるだけ守りたいから、それを変えることに対する抵抗感が「倒し」という言葉になって表れているのかもしれません。

「ビシっ」と決まらない表記

さて『岩波 日本語使い方考え方辞典』の「擬音語・擬態語」の項にはこうあります。

擬態語の表記は、一概にはいえないが、擬音語と違ってひらがなで表記することが多い。

毎日新聞でも一応、擬態語は平仮名で書くという原則はあります。しかし、そもそも擬音語と擬態語は画然と分けられるものではありません。だから「ワクワク」「ニコニコ」など擬態語と思われる語も片仮名でよく出てきます。

それは許容範囲としても、大目に見ることができない表記が以下の例です。

いつのころからか「女性をドキっとさせる仕草」とかいうタイトルのブログが目に付くようになりました。いや、その内容には全く興味がないのですが「ドキっと」という表記が気になって仕方がないのです。なぜ「ドキッと」ではないのでしょう。

こういう例は「ドキっと」にとどまらず「ニコっと」「グサっと」「ピリっと」「クルっと」など、さまざまなバリエーションで登場します。

ご存じNHKのバラエティー番組「チコちゃんに叱られる！」では、チコちゃんの質問に対する回答者のいいかげんな答えに「ボーっと生きてんじゃねーよ！」と怒りを爆発させます。流行語大賞にも選ばれたこの決めぜりふの表記が気になってしょうがありません。「ボーっと」というのは変ではないでしょうか。片仮名なら「ボーッと」と、促音「ッ」まで片仮名にすべきでないでしょうか。

国語辞典では、俗語など最近の使い方に寛容とされる辞書を含め「ボーっと」は見当たりません。用例が豊富な『日本語オノマトペ辞典』でも、「ボウッと」「ぼうっと」「ぼおっと」は載っていても「ボーっと」はありません。

「ッ」までがまとまりだというのは常識ではないのでしょうか。どこまで片仮名で書くべきか分からないのだとしたら、全部平仮名で表記すればいいのです。それではビシッと決まらないと思うのだとしても、適切に表記しないとむしろ逆効果です。

闇の領域が多すぎる片仮名

こういうことでいちいち腹を立てていたら腹がいくつあっても足りないことは分かっているのですが、情報技術に乗り遅れた者の繰り言です。何でみんな片仮名を使いたがるのでしょう。

パソコンを買い換えると「アカウント」を取るよう指示されます。アカウントって何だっけ？　『広辞苑』第7版によると「コンピューターやネットワーク上のリソースを利用するための権利、または利用に必要なＩＤ番号」とあります。この「リソース」がまた分からない。そういえばコンピューターとは関係ない場面で「人的リソースが足りない」とだれか言っていたな。また『広辞苑』を引くと「①資産、資源」。要するに「人が足りない」ってことか。じゃそう言えばいいじゃん。えーとそれから？　「②コンピューターで、要求された動作の実行に必要なデータ処理システムの要素。ＣＰＵ・記憶装置・ファイルなど」。うーんＣＰＵってよく聞くが何だっけ？「(central processing unit) 中央処理装置。コンピューターの中枢部分。制御装置と演算装置から構成される」。むむ、どんどん闇の領域に引きずり込まれていくようだ。で、おれは今何を調べているんだっけ？　ああアカウントだった。辞書の「アカウント」のところに戻って改めて意味を見ると、何だかよく分からんが要するに今要求されているのは「リソース」とは何かを調べることではなく「利用に必要なＩＤ番号」を早く取れってことらしい、ということにようやく気付きます。

で、これまたよく分からないＩＤ取得方法よりも気になったのは、辞書のアカウントの前にある「アカウンタビリティー」という言葉。そういや20年くらい前に新聞でもやたら出てきたけど、今はめったに見なくなったな。だって日本語の「説明責任」の4文字の方が断然簡潔かつ明瞭じゃありませんか。何でそんな言葉に日本人は飛び付くのでしょうね。

最近はやりの「ダイバーシティー」なんてのもそうじゃないですか。初めは「ダイビングをする人のこと？」とか、「テレビ局か何かのイベントか？」とか思ったけれど、どうも違うらしい。では改めて『広辞苑』を。何？「(多様性の意) 同一の信号を複数のアンテナで受信し、良質のものを選択したりそれらを合成したりすることで、通信品質の向上を図る技術。ダイバーシチ」？ ププッ、今どき「ダイバーシチ」なんて表記をするところなんてあるの？（と思ったら工学用語でそう書くようです）。それにこの専門的な意味、今よく使われているのとは違うでしょ。『三省堂国語辞典』（第7版）の「ダイバーシティー」を見ると「多様であること。多様性。『職場の――〔＝いろいろな属性や個性の人がいること〕を推進する』」。うん、分かりやすい。でも、この意味なら「多様性」という日本語で十分じゃありませんか。だから今でこそもてはやされているけれど、20年後には「アカウンタビリティー」と同じ運命をたどるかもしれないな。そうなると、工学用語としては残って『広辞苑』の記述の方が実は未来を先取りしているのかもしれない。

――などと寄り道しながら考え事をする方が、パソコンのマニュアルにあふれる片仮名と格闘して設定を進めるよりよっぽど楽しいので、いつまでも技術的に進歩しません。努力不足を棚に上げてまた声を大にします。なぜみんな片仮名言葉を使いたがるのでしょう？

「人間ドッグ」？　人間犬ですか

でも、片仮名好きとはいいましたが、みんなが適切な言い方、書き方をしているわけではありません。

我ながら失礼とは思いますが、昔の話ですから暴露してもいいでしょう。当時の校閲部長が席に「人間ドッグに行ってきます」というメモを残していました。戻ってきた部長に私は「人間犬になってましたよ」と耳打ちしました。

人間ドックのドックは、船の修理などをするdockで、濁らない「ク」が適切です。dog（犬）ではありません。ちょっとした走り書きにケチを付けるなんて嫌な部下だと部長は思ったかもしれませんが、仮に記憶違いなら早めにご指摘した方がよいと思いました。

しかし私も偉そうなことは言えません。以前は「badminton」を「バトミントン」だと思っていて、「バド……」だと分かってからも鳥の羽根を使うから「バードド→バド」なのかというくらいの認識でした。英国の地名に由来する言葉だと知ったのは最近のことです。

他に、原音に照らして不適切な表記を思い付く限り箇条書きにしましょう。カッコの中が適切な表記と原語です。

アタッシュケース（↓アタッシェケース、attaché case）
アボガド（↓アボカド、avocado）
エンターテイメント（↓エンターテインメント、entertainment）
オラウータン（↓オランウータン、orangutan）
カピパラ（↓カピバラ、capybara）
ギブス（↓ギプス、gips）
キューピット（↓キューピッド、cupid）
グロッキー（↓グロッギー、groggy）
コミニュケーション（↓コミュニケーション、communication）
シュミレーション（↓シミュレーション、simulation）
デットヒート（↓デッドヒート、dead heat）
パーテーション（↓パーティション、partition）＝間仕切りのこと
犠牲バンド（↓犠牲バント、bunt）

ハンドバック（↓ハンドバッグ、handbag）
ベコニア（↓ベゴニア、begonia）
ベット（↓ベッド、bed）
メリーゴーランド（↓メリーゴーラウンド、merry-go-round）

なお、「サボる」「ダブる」はサボタージュ、ダブルという外来語からきているので、ほとんど日本語化しているとはいえ「さぼる」「だぶる」というように平仮名で書くのは感心しません。

第6章

「たが」の外れた文章

書き言葉は丁寧に

君たち2人の どっちかなんて ボクには 決めれない…
いや ごめん 決められない！
今 それ どっちでもいいわ

「たが」とは、おけなどの器にはめて、外側を固く締めるのに用いる輪のことです。これがないと器に使う木がばらばらになってしまうことから、「たがが外れる」といえば「緊張や束縛が取れ、締まりのない状態になる」ことを表します。

文章は、語の順序や文法などに照らして正しく作らないと、たがが外れた文章になります。誤読も発生しやすく、時には読み手に失礼な文となってしまいます。

つながりが変な文に注意

とあるビル内の入り口にこういう注意書きを見つけました。

ここから先は○○社
のスペースです
許可なく立ち入り
通り抜けを禁止します

言いたいことはよく分かります。

まあ、「許可」はどこで得ればよいのかが分かりませんが、ここでは問題にしません。それを抜きにしても、どこか変だと思いませんか？

どこが変か分からない人は、語順を並べ替えてみてください。「立ち入り、通り抜けを許可なく禁止します」。意味不明でしょう。

最後の部分はこうしたいところです。

通り抜けをすることを禁止します

または「許可のない立ち入り、通り抜けを禁止します」でもよいでしょう。要するに、これはうまくつながっていない文章なのです。

子供のころ、「将来の夢」をテーマに作文を書いた経験はだれにでもあると思います。そのとき、例えば「僕の夢はサッカー選手です」「私の夢はケーキ屋さんです」と書いて、先生に「サッカー選手になることです」「ケーキ屋さんではたらくことです」と書きましょう、などと指導された記憶はありませんか。

子供の作文なら稚拙さがむしろほほえましいということもあります。しかし、不特定多数の人が読む社会人の文章は、つながり具合がしっかりしていないといけません。

次の文章はどうでしょう。

> もう一つ感じたのは、今回男子生徒が前を向いて歩むことができた大きな要因の一つは、彼が持つ「表現する力」だと思った。

「感じたのは……と思った」のつながりが不自然です。最後の「だと思った」を「だということだ」と直すと最低限、つながる文章になります。

しかし、一つの文章の中に「感じたのは」と「要因の一つは」の二つ主語があるように見えるのは、いささかぎくしゃくしています。直し方はいろいろありますが、二つの文に切り分けたらいかがでしょう。

もう一つ感じたのは、男子生徒が持つ「表現する力」だ。これは今回、彼が前を向いて歩むことができた大きな要因の一つになったと思う。

長い構文で、主語・述語・修飾語の関係が複雑になると、間違いではなくても、読者の頭にすっと入らなくなることがよくあります。そんなとき有効なのは、一つの文を短くすることです。

伝わりやすい文章の極意は、シンプル・イズ・ベストでしょう。

おや、今の文もつながりがなんとなく変な気が……。「文章の極意はシンプルにすること」という趣旨と「ベスト」がうまくつながりません。

「シンプル・イズ・ベスト。これが伝わりやすい文章の極意です」とする方がすっきりしますね。

繰り返される「たり」のミス

２０１４年の教育課程研究センター「全国学力・学習状況調査」の小学校国語には、次のような問題がありました。

「テレビを見たり、音楽を聞きました」は、「〜たり」が一回しか使われていないので、適切な表現ではありません。「〜たり」は、複数の内容を並べるときに使う言葉です。「〜たり、…たり」という表現を使って書き直しましょう。

正解は言うまでもありませんが「テレビを見たり、音楽を聞いたりしました」。正答率は、75％だったそうです。調査対象は小学6年生ですが、4月の調査ですから、5年生までに「たり」を繰り返す用法を教わり、４人に3人は理解していることになります。

しかし、小学生のとき習ったことを忘れてしまうのか、それとも「まあいいや」と省いてしまうのか、「たり」の足りない原稿が少なくありません。毎日新聞でも「列挙の場合はできるだけ『たり』を繰り返す」と注意喚起しているのですが、なかなか徹底されないのが実態です。

ただし、新聞記者の書く文章は小学校のテストのようにはいかないケースもあります。例えば「土砂に巻き込まれたり、水害のため損壊した家屋」をどう直せば正解でしょうか。

反射的に「土砂に巻き込まれたり、水害のため損壊したりした家屋」に直すと不正確な文章になります。「土砂に巻き込まれること」と「水害」がセットで、ともに「損壊した家屋」に続けるべき文脈だったからです。ですから「たり」を重ねるなら「土砂に巻き込まれたり、水害に見舞われたりして損壊した家屋」などとするのが適切です。最終的に「土砂や水害のため損壊」とシンプルになりました。

では、次の場合はどうでしょう。

医薬品・医療機器の承認されていない効果・効能を調べたり、広告に用いる目的で行われたりする臨床試験

「たり」は繰り返されているので、一見よさそうです。しかし、全体の文章を読まなければ分かりにくいのですが、「効果・効能を調べる目的」と「広告に用いる目的」が並列で「臨床試験」につながる文脈でした。後ろの「たり」の位置が変ではないか。問い合わせた結果、

医薬品、医療機器の承認されていない効果・効能を調べたり、広告に用いたりする目的で行われる臨床試験

と直りました。

このように「たり」には、構文をよく考えなければ直せないものもあります。列挙の場合は繰り返すという原則を守ることは重要ですが、単純な判断で「たり」を不適

切なところに挿入してしまわないよう心しなければなりません。

なお「とか」「だの」も繰り返すのが基本形です。ですから「江戸時代とか明治時代は」「酒だのギャンブルなんて」というのは適切といえません。

分かりにくい「テン」

ここでいうテンとは「読点」、つまり「、」のことです。時々、読点と句点（。）がこんがらがってしまいませんか？ 毎日新聞でもテンのことを「句点」と間違って書いたことがあります。わざわざ紛らわしい語を使うこともないと思いますので、ここでは「テン」と表記します。

国語学者の大野晋《すすむ》さんは、狭山《さやま》事件（1963年、埼玉県狭山市の女子高校生が殺害された事件。男性が逮捕され、無期懲役が確定。2019年現在、再審請求中）の脅迫状を分析した文章の中で「句読点を正しく打つことは、かなり正確な文章技能を持ってはじめて可能なことなのである」（『日本語と世界』講談社学術文庫）と述べ、被告の書いた文章と脅迫状との違いをあぶりだしました。

さて、文章を書き慣れているはずの新聞記者でも、次のような文章を通してしまうことがあります。

気象庁は1日、青森県の八甲田山、青森、秋田両県境にある十和田、富山、長野両県境付近に位置する弥陀ケ原の3火山で、24時間の常時観測を始めた。

毎日新聞記事の事後審査部門で、分かりにくいとしてやり玉に挙げられた文章です。

確かにテンがありすぎて分かりにくいですね。

段落で分けて書くとこうなります。

気象庁は1日、
青森県の八甲田山、
青森、秋田両県境にある十和田、
富山、長野両県境付近に位置する弥陀ケ原
の3火山で、24時間の常時観測を始めた。

この中の「十和田」が紛らわしいのですが、気象庁が使う活火山としての名称なのです。十和田の位置関係の説明はあるのに、火山としての名称ということが説明されていないので、つながりが見えにくくなっているのです。

直し方はいろいろ考えられますが、一例を挙げると

> **気象庁は1日、八甲田山（青森県）、十和田（青森、秋田両県境にある火山）、弥陀ケ原（富山、長野両県境付近）の3火山で、24時間の常時観測を始めた。**

――ではいかがでしょう。

以上はテンがありすぎて分かりにくい例ですが、逆にテンが一切ない例として、2016年3月施行の「平和安全法制整備政令」を挙げてみます。

> **我が国及び国際社会の平和及び安全の確保に資するための自衛隊法等の一部を改正する法律及び国際平和共同対処事態に際して我が国が実施する諸外国の軍隊等に対する協力支援活動等に関する法律の施行に伴う関係政令**

の整備に関する政令

落語の「寿限無」みたいですね。この場合は政令名ですが、法律名はなぜかテンを打たないようです。2016年12月に大分県宇佐市議会が可決した条例は日本一長い条例名として話題になりましたが、これは

> **千年ロマンへと想いをはせ、海の幸、山の幸、自然豊かな宇佐のチカラの恵みを未来へと紡ぎ広める条例**

と、テンが入っています。条例は法律の妙な慣例に従っていないようです。

「美しい水車小屋の娘」症候群

「『美しい水車小屋の娘』症候群」なんていう言葉があるかどうか知りませんが、この「美しい水車小屋の娘」という文言は、語句のかかり具合がよく分からない例として取り上げられることがしばしばあります。「美しい」は「水車小屋」にかかるのか

「娘」にかかるのか分かりにくいということですね。
こういう例は枚挙にいとまがありません。
毎日新聞のテレビ評では、こんな例がありました。

原田はジャズピアニストへの夢を断念し、急逝した姉の娘を引きとって暮らしていた。

夢を断念したのは「原田」か「姉」か、両様取れます。『ことばから誤解が生まれる――「伝わらない日本語」見本帳』（中公新書ラクレ）で、飯間浩明さんは「誤解の少ない文にする特効薬」としてこう述べます。

読点を加えたり、読むときに間を置いたり、語句を入れ替えたりするのも、効果が期待できる場合があります。でも、最も根本的な解決法は別にあります。

それは単純なことで、「文を短く切る」ということです。

先のテレビ評では、確認したところ、夢を断念したのは「原田」ということが分かりました。そこで

原田はジャズピアニストへの夢を断念。急逝した……

と直してもらいました。

その時点では飯間さんの本を読んでいなかったのですが、「シンプル・イズ・ベスト」ということは新聞の文章の心がけとして頭にあるので、結果的に対処法が同じになったわけです。

新聞の報道で多いのは、次の形です。毎日新聞で紙面になってしまいました。

広告代理店最大手・電通の新入社員だった高橋まつりさん（当時24歳）が過労自殺した問題で、厚生労働省東京労働局は28日、高橋さんの上司1人と法人としての同社を労働基準法違反（長時間労働）の疑いで書類送検する方針を固めた。

「28日」がかかるのは「書類送検する」なのか「方針を固めた」なのか分かりません。この場合は28日に本当に書類送検しました。だから「28日」の位置をずらし「……の疑いで28日に書類送検する」としたいところでした。本当に28日に書類送検できるか判然としない段階での記事なら「28日にも」と「にも」を補えばよかったと思います。

大それた指摘ですが、谷崎潤一郎の『文章読本』（中公文庫）にもかかり具合の曖昧な文があります。

> **西鶴や近松のような独創性のない者が彼等の文章の癖を真似ると、多くの場合物笑いの種になるような悪文が出来上るのであります。**

ぼんやり読んでいた私は一瞬「えっ、西鶴や近松は『独創性のない者』ということ？」と誤読し、ギョッとしてしまいました。むろん読み直せばすぐに「西鶴や近松のような独創性」がまとまって「のない者」にかかる構文だということは理解できました。西鶴や近松を谷崎が非難するはずがないので、誤読する方がおかしいのかもしれません。

それでも、内容を度外視すると「のような」がかかるのが「独創性」なのか「者」

なのか、両方取れる文章であることは否定できないでしょう。
分かりにくさの一因として、西鶴・近松という人名を前に出しているので、「者」につながるという読み方の余地を与えてしまうことが考えられます。「西鶴や近松の作品から伝わるような独創性のない者」にすると、その余地はほぼなくなります。
しかし、それだと主語「者」を修飾する部分が長すぎ、いわば「頭の重い文章」になります。いっそ、こうすればどうでしょう。

西鶴や近松のような独創的な文章を下手に真似ると、多くの場合物笑いの種になるような悪文が出来上るのであります。

「大谷崎」といわれる文豪の文章にケチをつけるなんて、我ながら身の程をわきまえない愚行です。ただ、私のように漫然と読んで誤解する読者だっているからには、誤読の芽は摘んでおく方がいい例として出しました。『文章読本』の文章のほとんどは時代を感じさせないほどするすると読める名文です。

避けるべき「するべき。」

次のように直しています。

——こんな文があったとします。実際に似た例をよく見かけますが、校閲段階では

自分ができることからするべき。

自分ができることからすべきだ。

「べき」というのは文語の助動詞で、連体形は「べき」「べかる」、終止形は「べし」。ですからマル（句点）で区切る以上、「べし」となります。

余談ですが、黒澤明監督の映画『七人の侍』で、村の長老が「やるべし」と言うせりふがあります。そのインパクトが強かったので、赤塚不二夫さんが『もーれつア太郎』という漫画でカエルのキャラクターに「べし」という名を付けたそうです。

それはともかく「べし」は文語の古めかしさが付きまといますので、新聞では基本

的に「べきだ」が多用されます。一般的には「べきである」「べきです」もOK。しかし「べき。」というように切るのは不適切です。

また、よく迷うのが「するべき」とするべきか、「すべき」とすべきかです（ややこしい文章ですみません）。

文語としてみれば「すべき」が文法的に正しく、口語とみなせば「するべき」となります。どちらも理屈はつきます。

しかし、「べき」は文語ですので、「す」も文語文法にのっとり「すべき」とした方が自然なつながりということはできそうです。

別の例でいえば「ありうべき」「ありうべからざる」という言葉が辞書に載っています。やや硬い言い回しですが、それぞれ「ありそうな」「あるはずがない」という意味で、現代でも目にすることがあります。

「ありうる」は「ありえる」ともいいます。もと文語だったのが口語化しているわけです。しかし「べき」につながると「ありえるべき」「ありえるべからざる」ではなく「ありうべき」「ありうべからざる」という形で辞書に載っています。

このように、文語としてのつながりを考えると「すべき」とすべきだと考えられます。

「味あわせる」では基本が「おぼつかぬ」

「味あわせる」はニュース系のウェブサイトを含め多く見られます。何の疑問も持っていない人が少なくないのでしょう。しかし活用させてみると、すぐおかしいことに気付くはずです。

「味あわせる」の基本形は「味わう」。「味あう」ではありません。「味わう」はワ行五段活用ですので、未然形は「味わわない」、連用形は「味わいます」「味わった」となります。

また「せる」は使役の助動詞で、活用表には「五段・サ変動詞の未然形」から接続するとあります。だから「味わわせる」が正しく、「味あわせる」とはなりません。

基本形が間違っていると思われる例をもう一つ挙げましょう。

「飲みすぎて足元がおぼつかず、タクシーで帰った」「おぼつかぬ英語で何とか話しかけた」などの「おぼつかず」「おぼつかぬ」。

これらの基本形は「おぼつかない」という形容詞です。

「おぼつかず」「おぼつかぬ」は「おぼつく」という動詞があると勘違いして活用してしまっているのですが、そんな言葉はありません。

「おぼつかない」の「ない」は接尾語で、「おぼつく」を否定しているわけではありません。それどころか、程度の甚だしいことを表します。「せわしない」が「せわしい」の否定ではないように。

ですから、先の例はこう書くのがよいでしょう。

飲みすぎて足元がおぼつかないので、タクシーで帰った
おぼつかない英語で何とか話しかけた

「おぼつかぬ英語」などという言葉遣いをして「日本語もおぼつかない人」と思われないようにしたいものです。

広がる「ら抜き」と広がらない「ら抜き」

文化庁の2015年度「国語に関する世論調査」で注目されたのは「見れた」「出

れる」という「ら抜き言葉」でした。

「見られた」「出られる」というのが本来の用法です。それを使うと答えた人がそれぞれ44・6％と44・3％。これに対し「見れた」「出れる」を選んだ人は48・4％と45・1％。いずれも本来の使い方より「ら抜き言葉」の方が上回りました。

年齢別に見ると、若い人ほど「見れた」「出れる」を選んだ人が多くなるので、今後もこの傾向が拡大することが予想されます。

ただし、同調査の別の「ら抜き言葉」を見ると「食べれない」「来れますか」「考えれない」は本来の「食べられない」「来られますか」「考えられない」より低い数値になっています。この三つのうち「来れますか」「来られますか」の差はわずかですが、他は「食べられない」「考えられない」が圧倒的に「ら抜き」を上回っています。この差は何でしょう。

「ら抜き」の広がりの原因としてよく挙げられるのは、「れる」「られる」が可能・自発・受け身・尊敬の四つの意味を持つ助動詞なので、どの意味なのか分かりにくい、例えば「見れる」だと可能の意味しかないので分かりやすい――ということです。確かにその面は大きいでしょう。

しかし、それだけでは「考えれる」などが広がらない理由が説明しにくいと思います。

短い言葉ほど「ら抜き」になりやすい傾向があるということもいえるのではないでしょうか。『角川必携国語辞典』（角川書店）で「らぬけことば」を引いてみます。少し長いですが全文引用しましょう。

「らぬきことば」とも。「見られる」「食べられる」「来られる」のように、上一段活用・下一段活用・カ行変格活用では、助動詞「られる」を付けるのがふつうだが、近年広まってきた「見れる」「食べれる」「来れる」のように「ら」をはぶいた表現をいう。「られる」には受身・尊敬・自発・可能の四つの使いかたがあるが、「らぬけ」の表現は、可能の意味だけに使われるので、新しい「可能動詞」が生じつつあると認めることができる。現在、二音節の「見る」「着る」、三音節の「受ける」「食べる」などについていわれているが、まだ四音節の下一段動詞（たとえば「助ける」）については「たすけれる」という形は、一般的に成立し

ていない。▽江戸時代に「書ける」「取れる」という可能動詞が発達したのと似た現象である。

なお、新聞では一般的に「ら抜き言葉」を認めていません。テレビでも、例えばインタビューなどで本人が、紅白歌合戦などに「出れる」と言っていても、字幕では「出られる」に直して放送しているようです。

確かに一部の「ら抜き」については合理性を否定できませんが、書き言葉としては違和感を示す人が少なくありません。解禁するのはもうしばらく動向を見てということになりそうです。ですから、少なくともマスコミの採用試験で「食べれる」などと書くのはやめた方がよいでしょう。

「さ入れ言葉」を「知らなさすぎる」

「さ入れ言葉」という用語は「ら抜き言葉」に準じて言われるようになったと思われる、比較的新しい言葉です。

新しい言葉や用法を積極的に取り上げる『三省堂国語辞典』では、２００８年発行の第6版から載せています。

必要のない「さ」を入れて言う言い方。「帰らせていただきます」「言わなそうだ」などを、「帰らさせていただきます」「言わなさそうだ」とするなど。〔標準的な言い方ではない〕

となっていました。2014年発行の第7版でも「標準的な言い方ではない」が「俗な言い方」に変わるなど若干表現を変えて出ています。

「さ入れ言葉」は「読まさせていただく」「作らさせてもらう」という形などでも登場します。話し言葉、書き言葉を問わず広がりを見せているようです。しかし、抵抗を感じる人が多いと思われます。

文法的には「読ませていただく」「作らせてもらう」が正式です。『明鏡国語辞典』（第2版）は「させていただく」の項を設け、五段動詞の未然形には使役の助動詞「せる」が付くことを説明したうえで「『読まさせていただきます』『あとでファックスを送らさせていただきます』などというのは、誤り」と断じています。

ではは「テレビを見させない」はどうでしょう。これも「テレビを見せない」で通じるので「さ入れ言葉」なのでしょうか。

違います。使役の助動詞「させる」は上一段・下一段・カ変動詞の未然形に付きます。五段動詞の場合は「せる」に接続しますが、「見る」は上一段の動詞ですので「見させる」「見させない」でよいのです。

「見せる」は「動詞＋助動詞」ではなく、それ自体が下一段の動詞なのです。「テレビを見せない」は「見せる」を否定した形。だから「見せない」「見させない」ともに文法的に正しいことになります。

さて、小見出しに挙げた「知らなさすぎる」について説明しましょう。『三省堂国語辞典』（第7版）によると「なさすぎる」は

〔形容詞「ない」＋接尾語「さ」＋動詞「すぎる」〕ない、という状態が度をこす。「常識が――・生活にうるおいが――」〔助動詞「ない」の場合は「なすぎる」の形になる〕

ということで、「常識がなさすぎる」は大丈夫。しかし「知らなさすぎる」の「な」は形容詞ではなく打ち消しの助動詞「ない」の語幹です。そこで「知らなすぎる」が本来の形となります。

ただし『三省堂国語辞典』は「なすぎる」の注釈で「『無さすぎる』に引かれて『知らなさすぎる』『足りなさすぎる』と言うこともある」と記しています。この注釈は第7版で加わったもので、新しい用法に敏感なこの辞書の性格を表しています。しかし、仲間内ならともかく、オフィシャルな文章ではやはり「知らなすぎる」とすべきでしょう。

あり得ない表記の「やむ得ない」「せざる負えない」

「やむを得ない」「せざるを得ない」の「を」を抜かして「やむ得ない」「せざる得ない」となっている原稿が散見されます。単なる脱字だと思えないほど出てきます。ということは、うっかりミスではなく「やむ得ない」などが正しいと誤解している記者が少なくないのかもしれません。

確かに「仕方ない」のように助詞を抜かしても問題ない言い回しはありますので

「を」を略しているのでしょうか。それとも、「あり得ない」「成し得ない」という複合動詞のように初めから「を」はないものと思い込んでいるのでしょうか。そういう記者が新聞社にいるとは思いたくないのですが……。

しかし、問題は「を」の脱落だけではありませんでした。以下はさすがに新聞では見た記憶がないのですが、例えばインターネットで、あるイベントの告知としてこんな文章がありました。

やむ負えない事情により変更、中止になる場合もございます。

グーグルで「やむ負えない」と検索すると万単位の例が出てきます。「やむ負えず」はもっと多く見つかります。間違いを指摘する例も含まれますが、相当の数であることには変わりありません。

つまり「やむおえない」と入力して変換しているのですね。複合動詞と勘違いしているのでしょうか。それとも「手に負えない」の連想でしょうか。

念のため説明すると「やむ」は、「雨がやむ」の例でも分かるように、あることが

「続かなくなる」こと。「得ない」は「できない」こと。つまり「やむを得ない」は「中止すること」を「できない」、ということは、仕方なく実行することを意味します。アナウンスでよく聞かれる「やむを得ず急停車することがあります」は、本当は急停車などしたくないけれど、緊急事態のときは急停車する、ということです。

「せざるを得ない」も同じです。「を」を抜かしてはならないし、ましてや「せざるおえない」「せざる負えない」でもありません。

嘆かわしいのは、個人のブログだけではなく、企業など公的なお知らせのホームページにもこの間違いが散見されることです。

だれにも指摘されることがなかったのでしょう。しかし誤りに気付いた読者が指摘してくれればまだよいのですが、沈黙のまま、その企業や機関への信頼性がひそかに失われているかもしれません。関係者は心してほしいものです。

身を切られるような「貯金を切り崩す」

「月10万円程度の失業手当も打ち切られ、預金を切り崩しながら仕事を探す」――こういう記事を読むと寒々としてきます。

内容もさることながら、「切り崩す」という言葉の使い方に暗然とするのです。

小説でも出てきます。「離婚をし、仕事も辞め、貯金を切り崩している毎日だった」「自分の貯金を切り崩して現金を遣っていた」など、中堅の作家も使っています。

辞書の「切り崩す」の意味は大体次のようになっています。

①切り取って形を壊す ②相手側の団結を乱してその力を弱める

「預貯金を切り崩す」の例は見当たりません。いや、『三省堂国語辞典』（第７版）には③の用法で「あやまって」と注を入れたうえで「貯金を切り崩す」とあります。そして「取り崩す」へと誘導しています。そう、預貯金は「取り崩す」ものなのです。「切り崩す」は「反対派を切り崩す」などと続けるのが正規の用法です。

ＮＨＫ放送文化研究所は２０１０年、「貯金を取り崩す」「貯金を切り崩す」のどちらがおかしいかを聞きました。全体では、「取り崩す」はおかしくないが、「切り崩す」はおかしいという人は32％、「切り崩す」はおかしくないが、「取り崩す」はおかしいという人は42％という結果でした。若い人ほど「切り崩す」派が多いとのことです。

毎日新聞の記事データベースでみる限り、バブル崩壊の後の不況とともにこの手の用例が増えているようです。生活困窮者にとって、預貯金を引き出すことは生活の切り詰めを意味し、身を切られるような気持ちでしょう。その気持ちが「切り崩す」の字になって表れているとすると、単なる誤用と切り捨てるのもどうかという気がしないでもありません。

しかしだからといって「預貯金を切り崩す」を認めると、日本語のつながりを断ち切ることになってしまいます。やはりここは「取り崩す」とすべきです。

まだまだある誤用例

非常に多い誤用例を挙げます。

「高みの見物」は昔から「高見の見物」と書かれることが多くあります。「高み」の「み」は「見る」ことではなく接尾語で、「高み」は「高い所」のこと。「深み」「明るみ」の「み」と同じ用法です。「見物」へと続くので誤用と思われにくいせいか、「高見の見物」を認めることわざ辞典も現れています。しかし国語辞典では『角川必携国語辞典』などが「誤り」としています。「高見に登る」とは書きませんし、理屈で考えても「高い所で見る」から「高みの見物」が正しいといえます。

「一同に会する」「一同に集まる」は非常によく見られる誤りです。

「一同」は「居合わせた人全員」の意味で「社員一同」「一同、礼」などの形で使います。「一堂」は「同じ建物（場所）」ということです。ですから「一堂に集まる」「一同が集まる」という使い分けでなければなりません。一見ややこしいですが、「一堂」は寺などのお堂の堂なので「場所」であり、「一同」は「人」と覚えていれば使い分けは簡単です。ただし「一堂に会する」の「一堂」は正しいのに「介する」と間違えた例もありますので、油断は禁物です。

「活を入れる」は「喝を入れる」と書くと思い込んでいる人がかなり多いようです。「もはや国民的誤用」という声もあるほどです（『問題な日本語 その3』北原保雄編著、大修館書店）。「一喝する」「喝を食らわす」などとの混同といわれます。

「肝に銘じる」を「肝に命じる」と誤った例も、ニュース系も含めインターネットにあふれています。

命令するわけではありません。肝に「銘記する」、つまり、もとは石碑や金属板に字を刻み付けることなので、心に深く刻み付けるという意味になるのです。

食糧などが「底をつく」は「底を突く」です。

「食糧が尽きる」の尽の字に引きずられてか「底を尽く」という誤りがよく見られます。２０１６年1月22日の安倍晋三首相の施政方針演説でも「食べ物が底を尽き」と出てきました。毎日新聞では「つ」に直して報道しましたが。

トランプ米大統領など最近の世界情勢でよく出るようになった変換ミスが「拝外主義」。同じハイガイでも「拝む」ことと「排除する」ことでは全く違う意味になってしまいます。正しくはもちろん「排外主義」。

「更正施設」「少年の更正」「会社更正法」などの「更正」はうんざりするほど出てくる間違いです。

「更正」は字義としては「あらためて正す」ことですが、使用例は「国税局の更正処分」「更正登記」などの専門用語。「コウセイ施設」など先に挙げた三つの例はいずれも「更生」が正しく、これは「生まれ変わる」「立ち直る」という意味があります。

「コウセイ」は同音異義語が多くやっかいですが、間違えると確実にいいかげんとみなされます。言葉の構成とともに校正をしっかりしなければなりません。

【漢字クイズ】直せますか？

ここで突然ですが漢字クイズです。誤りを正してください。もっとも、すべての熟語が誤っているとは限りません。正解は次のページです。

①絶対絶命の状況で出所進退を問われることになった。
②衆人監視の下で大胆不適な犯行に及んだ。
③興味本意で麻薬に手を出すなど言語同断。
④竜頭蛇尾で画竜天晴を欠く結末だ。
⑤青色吐息の会社に千載一隅の機会が訪れた。
⑥心身耗弱だったとして情状酌量を求めた。
⑦上位下達で規定方針を守らせる。

【漢字クイズの答え】（傍線部分が正しい）

①絶体絶命　出処進退

②衆人環視　大胆不敵

③興味本位　言語道断

④画竜点睛

⑤青息吐息　千載一遇

⑥心神耗弱

⑦上意下達　既定方針

【解説】パソコン入力の場合、変換ミスをなくすコツは、例えば「ぜったい」と「ぜつめい」で区切らず一気に「ぜったいぜつめい」と打って変換することです。

ただし⑥「しんしんこうじゃく」や⑦「じょういかたつ」を「しんしんもうじゃく」「じょういげたつ」と違う読みで入力したら、うまく変換できないかもしれません。正確な読みを覚えておくことが必要です。ちなみに「耗弱」はすり減って弱ること、「上意」とは地位が上の人の考えのことです。

第7章

失礼ワード20選

誤解必至です

話題の映画のストーリー、
さわりだけ
教えて♡
「さわり」ね!
クライマックスで
敵が主人公の
父親だって
分かるんだ

文化庁は１９９５年度から毎年「国語に関する世論調査」を実施しています。中でも最も注目されるのは、慣用句等の使い方でしょう。

その結果などを参考にしながら、人によって意味やニュアンスの受け止め方のギャップが大きく、結果的に失礼な使い方になりうる語を20選びました。

「慣用」とはよくいったもので「慣れて用いる」と書きます。「慣れ」が前提です。しかし、ある種の言葉は日本語の歴史の中で変化をしています。変化した結果が「慣れ」ともなれば、そちらが新しい使い方になるといえないこともありません。文化庁の調査は、その度合いを測る意味もあるのでしょう。

問題になっている言葉を使うかどうか、簡単に対処法をまとめれば

・相手の年齢層を考える。不特定多数なら高めに設定し、新しい用法は避けたい。

・誤解を招くかどうか予想する。両様の解釈が想定されるなら「本来」の使い方を選んだ方がよい。適切な言い換えができるなら、別の言葉で。

・「この言葉は本来別の意味だったが」などと断って使うと誤解を招かない。

以上ですが、そもそもの前提として、何が問題になる言葉なのかを知っておくことが必要です。ここに挙げた例を参考にしていただければと思います。

１　当たり年

「台風の当たり年」「災害の当たり年」という表現が時に出てきます。しかし「当たり年」というのは「①農作物の収穫の多い年　②ものごとがうまくはこぶ年」（『角川必携国語辞典』）という意味です。

縁起の良い言葉ですから、台風に結び付けると間違いというだけでなく、実際に台風被害に遭われた方に大変失礼な表現になってしまいます。校閲では「台風の多い年」などに直すようにしています。

関連で注意したいのは、死者が出るような大きな災害で、自分の住む所が軽微な被害で住んだとき「不幸中の幸い」とか、「たいしたことがなくてよかった」と言うケースです。

２０１９年10月12日に上陸した台風19号は福島県など各地に多くの死者を出しました。その翌日、自民党の二階俊博幹事長は党本部での緊急役員会で「予測に比べると、まずまずに収まった感じですが、それでも相当の被害が広範に及んでいる」と述べたそうです。批判を受け後に「被災された皆様に誤解を与えたとすれば表現が不適切だった」と発言を撤回しました。「誤解を与えたとすれば」という文句がまた、真に反省するのではなくいかにも仕方なく認めますという政治家の陳謝の典型になっています。

２０１７年には東日本大震災に関し今村雅弘復興相が「これがまだ東北で、あっちの方だったからよかった」と発言、閣僚を辞任しました。政治家として以前に大人としてあってはならない態度でしょう。

2 いさめる

「目下の者が目上の者に忠告すること」が「いさめる」の意味なのに、「父親にいさめられた」など、目上の者が「いさめる」という逆の使い方が広がっています。

『三省堂国語辞典』は新しい用法も記録として積極的に載せる辞書ですが、２０１４年の第7版でも「〔おもに目上の人に〕相手の悪い点を知らせて、改めるように注意する。忠告する」とあります。

だから、「父親にいさめられた」と書くと目上である父親の地位を軽んじていることになります。「たしなめられた」「戒められた」などと書くべきでしょう。

漢字では「諫める」と書きます。「諫言《かんげん》」という熟語もあります。昔の中国には

「諫議大夫《かんぎたいふ》」という役職があり、天子の誤りをいさめる任務を担っていたそうです。それによって権力者の横暴を防いでいたのでしょうか。

3　いやが上にも

2014年度の文化庁「国語に関する世論調査」で「いよいよ、ますます」の意味で使う慣用句を聞くと「いやがおうにも」が42・2％と、本来の「いやがうえにも」34・9％を上回りました。

「いやがうえにも」は漢字で「弥が上にも」。「弥」は「ますます」という意味で、「弥栄《いやさか》を祈る」とは「ますますの発展を祈る」という意味です。ですから「弥が上にも」は「いよいよ、ますます」「その上ますます」という意味となります。

「いやがおうにも」は漢字では「否が応にも」でしょうか。か、としたのは、手元の辞書でこの言葉が見つからなかったからです。「否が応でも」ならあります。『大辞林』などでは「否でも応でも」と同じとされ、「不承知、承知にかかわらず。どうでも」という意味です。

例えば「メダルへの期待がいやがおうにも高まってきた」というのは、明らかに誤用といえます。期待が「不承知でも承知でも」高まるというのは変ですから、「いやが上にも」としなければなりません。

4　汚名挽回

「汚名挽回」は従来「汚名返上」と「名誉挽回」の混用とされてきました。「汚名挽回」が原稿に出てくるたびに「汚名を取り戻してどうする」とつぶやきつつ、私たち校閲者はせっせと直していました。

２００４年度「国語に関する世論調査」では「前回失敗したので今度は汚名挽回しようと誓った」「前回失敗したので今度は汚名返上しようと誓った」のどちらを使うかという質問に対し、前者が44・1％、後者が38・3％でした。文化庁は後者を本来の言い方としています。

『角川必携国語辞典』も「よく『汚名挽回』と使われるが、『挽回』はもとにひきもどすという意味で矛盾する」と注意を促しています。

しかし飯間さんは『三省堂国語辞典のひみつ』で、この場合の「挽回」は「汚名の状態を元どおりにする」ことで問題ないと主張しています。

「ことばの『濡れ衣』は払拭しておく必要があります」。その実行として、『三省堂国語辞典』（第7版）で「汚名挽回（＝汚名を着た状態をもとどおりにすること。『汚名を取りもどすこと』ではなく、誤用でない）」と断言しています。

確かに「遅れを取り戻す」とはよく言うし、辞書にも載っていますが、これも一見おかしな表現といえそうです。ですが、これは「遅れた分を取り戻す」という解釈が可能です。また「ミスを挽回する」も、「ミスによって失われたものを取り戻す」と解せないこともありません。

では「汚名挽回」の汚名も晴れて返上、となるのでしょうか。いや、今のところ、「汚名返上」などへの書き換えが容易なこともあり、なかなか一足飛びに名誉挽回とはならないと思われます。

こう考えたらどうでしょう。「遅れを取り戻す」「ミスを挽回する」の場合「遅れた分を元に戻す」「ミスした分を帳消しにする」という含みが容易に想定できるのに対し、「汚名」は「汚名の分を取り戻す」とは普通言わない。つまり「遅れ」「ミス」は全体の一部だけれど「汚名」は「汚名にまみれる」という言葉が示すように、よりべったりと当人の全面を覆っているという語感がある。だから「汚名を挽回する」と言うと「汚名で失われた部分を取り戻す」という含意が成り立たない。やはり「汚名返上」が適切——。

などと理屈をこね回してみましたが、結局はシンプルな理由付けが一番分かりやすいですね。要するに「汚名を挽回したら汚名の重ね着になり逆に失礼じゃないか。だから『汚名返上』か『名誉挽回』にすべきだ」。

5　枯れ木も山のにぎわい

２０１４年度「国語に関する世論調査」では「枯れ木も山のにぎわい」の意味として「つまらないものでも無いよりはまし」と答えた人は37・6％、「人が集まればにぎやかになる」は47・2％でした。前者が本来の意味、というより後者は間違いです。いや、変わってはいけない言葉と言った方がいいかもしれません。

例えば、あるチームの仕事が立て込んでいるので別のチームの若手が加勢するとします。「お役に立てないかもしれませんが、私でよければ」と謙虚に言う若手に対し上役が「いやいや、枯れ木も山のにぎわいだよ」と言ったとしたら、どうでしょう。上役は多分「大勢でやった方がはかどる」という意味で使ったのでしょうが、正しい意味で若手が受け取ると「そうか、私は枯れ木か。ないよりはましという程度なのか」と思い、やる気を失ってしまうでしょう。

「枯れ木も山のにぎわい」は、枯れ木のようなものでも山に趣を添えることくらいはできるということを表します。つまり、先の例では若手が「枯れ木も山のにぎわいといいますから、私のようなものでもどんどんお使いください」と言うなら分かります。しかし助けられる側が言うのは大変失礼に当たります。

にもかかわらず、10年前の２００４年度の調査に比べ「人が集まればにぎやかになる」と誤解する割合が約12ポイント増えています。「にぎわい」を人の集まりとしか思わない人が増えているのでしょうが、正しい使い方を知っている人との人間関係を損なうことになりかねないことを知るべきです。

6　棹《さお》さす

逆の意味が発生している言葉です。２０１２年度の「国語に関する世論調査」で「その発言は流れに棹《さお》さすものだ」の例文を示し意味を聞いたところ「傾向に逆らって、ある事柄の勢いを失わせるような行為をする」と答えた人は59・４%、「傾向に乗って、ある事柄の勢いを増すような行為をする」23・4％。後者が本来の意味です。「棹さす」は夏目漱石『草枕』の冒頭の有名なフレーズに使われています。「智に働けば角が立つ。情に棹させば流される」。『大辞泉』の意訳を引くと「理知だけで割り切っていると他人と衝突するし、他人の感情を気遣っていると、自分の足をすくわれる」という意味です。

漱石が「情」の流れに棹させば「流される」と書いているように、「流れに棹さす」は「流れに乗る」ということ。「流れに逆らう」という逆の解釈が多くなっているのは「さす」が抵抗のイメージで捉えられているからでしょうが、もともと「棹さす」は船頭が棹を水底にさして流れに乗ることを表しているのです。

国語辞典でも、『新潮現代国語辞典』（第2版、新潮社、２０００年）が「（近時の用法）流れに逆らう」と記しています。本来の意味でいうと「言葉の変化の流れに棹さす」記述といえるでしょう。

しかし、時流に乗るという本来の意味で「棹さす」を使うと、世論調査通りだと半数以上の人が誤解してしまいます。他人を評するときに使うことが多いと思いますが、正反対の意味に受け取られるとその人にも失礼ですので、「あの人は流れに棹さす、つまり世の中の動きに乗るのがうまい」などと説明を加えると親切でしょう。

ところで、ある原稿で「竿さす」とあるのを見て、「棹」の間違いだよねと『広辞苑』などの「さお」を引くと「竿・棹」とひとくくりにしてあってちょっと驚きました。今は釣り竿、竿竹などと船の棹は区別されますが、昔は漢字の使い分けがあまりされていなかったのかもしれません。ちなみにともに常用漢字ではないため、新聞では基本的に平仮名で書いています。

7　さわり

新刊ミステリー小説を紹介する番組で「この本のさわりだけ紹介してください」と聞かれた作家は「いや、さわりだけといってもネタバレになるから」と抵抗。「ほんの最初のさわりだけで結構ですから」「最初にはさわりはありません」とかみ合わない会話――いや失礼、このやりとりはフィクションです。でもこういう場面があってもおかしくないほど「さわり」への誤解は多くあります。

「話のさわりだけ聞かせる」という場合の「さわり」の意味を２０１６年度の「国語に関する世論調査」で聞いたところ、本来の「話などの要点のこと」と答えた人が

36・1％、「話などの最初の部分のこと」53・3％という結果が出ました。

ただし、同じ質問は2003年、2007年にもあり、前者がだんだん多くなり、後者が減っています。つまり、本来の使い方は依然として新しい使い方より少ないのですが、その差は減少傾向にあります。顕著な差ではありませんが、マスコミなどで繰り返し取り上げられるようになった結果かもしれません。

文化庁ホームページによると「『さわり』は、江戸時代に竹本義太夫が創始した浄瑠璃の流派の一つ、義太夫節で用いられていた言葉」で「元々、義太夫節の『聞かせどころ』『聞きどころ』に当たる言葉でした。それが、一般的な音楽や物語、話や文章などにも使われるようになったのです」。歌謡曲なら「サビ」に近い意味です。

『岩波国語辞典』（第8版、2019年）では、本来の意味の後に「俗に、曲などの出だし」とあり、1980年ごろからの誤用とされています。元が義太夫の「他流にさわる」ことなので、漢字だと「触り」ですが、「さわり」と仮名書きにする習慣があります。

「さわり」といえば「耳ざわりがよい」という言い回しも誤用例としてよく取り上げられます。「耳障りがよい」と書くと「差し障る」「気に障る」の障ですから「よい」

に続くのは変だということが分かりやすいのですが、「耳ざわりがよい」だと「耳触り」と捉えられてさほど抵抗がなくなるのでしょうか。

実は「耳触り」という文字遣いは誤字ではなく「聞いた感じ」という意味で辞書にもあるのですが、『岩波国語辞典』は「俗用」としています。毎日新聞でも基本的に「耳障りがよい」はもちろん「耳触りがよい」もよしとせず、「耳に心地よい」や「聞き心地のよい」に直すようにしています。

8　進言

「いさめる」と似たような上下関係を前提にした言葉です。

「目上の人に意見を申し述べること」（『明鏡国語辞典』第2版）なのですが、ある原稿でこんな例がありました。

「トランプ米大統領に安倍首相が進言する」

これでは日本の首相が米国の大統領より格下ということになってしまいます。筆者の意識がどうあれ、客観的な文章としては不適切で、「提言」に直してもらいました。

ところで、似たような意味の「上申」ならともかく、なぜ「進言」が目上に述べる意味になるのでしょう。

「進」には単に前に進むばかりではなく、「進級」「昇進」など、高い段階に移るという使い方もあります。そこから「差し上げる」という意味が派生したのでしょう。「進物」「進呈」もその用法です。

「注進」も「事件を書き記して上申すること。転じて、事件を急いで目上の人に報告すること」(『大辞泉』)であり、やはり上下関係が前提にあります。ただ、手近の辞書の記述からはうかがえませんが、「ご注進」となると「告げ口」の意味が発生していることに注意を払う必要があります。

9　世間ずれ

2013年度「国語に関する世論調査」でこの言葉の意味を質問したところ「世の中の考えから外れている」55・2%、「世間を渡ってずる賢くなっている」35・6%でした。後者が本来の意味とされます。2004年度の同じ調査では本来の意味が多かったのですが、9年後に逆転しました。

例えば「世間の人々との感覚にズレが生じている」という意味で「世間ずれ」を解

釈するようなことが増えているということです。

「世間ずれ」の「ずれ」は「ずれること」ではなく「擦《す》れること」。「すれっからし」つまり「厳しい世間で苦労して人柄が悪くなること」と同じことです。しかし若い人は「すれっからし」なんて言葉も使わないかもしれませんから「世間ずれ」の誤解は若い人ほど広がる傾向にあります。

　ところで、使い方を誤ったわけではなく本来の意味で「世間ずれしていないお嬢さん」などというのは、一昔前ならともかく、今はいかがなものでしょう。

　使う人は「純真なお嬢さん」という褒め言葉のつもりでも、今は単に「世間かられていない」と受け取られる恐れがあるということもありますが、それだけではありません。世間で苦労していないことが「純真」と結び付くのならいいのですが「世間知らず」「経験不足」「使えない」という評価になる恐れもなしとしないのです。「箱入り娘」が必ずしも褒め言葉とならないように。

　褒めるならストレートに「純真なお嬢さん」と言ってあげた方が相手に喜ばれると思います。「世間ずれ」は時と場合を考えて使うべきでしょう。

10 壮絶

「壮絶ないじめ体験」という表現について、読者から使い方がおかしいと指摘がありました。私はそれまで何の疑問も抱かなかったのですが、「壮絶」は「きわめて勇壮なこと」(『三省堂国語辞典』第7版)。ひどいいじめの形容としては確かに不適切です。「悲惨」「凄絶《せいぜつ》」「想像を絶する」なら分かるのですが。

しかし、インターネットや記事データベースで検索すると、似たような使い方は「被爆者の壮絶な人生」「壮絶な家庭」「壮絶なトラブル」などかなりあります。勇壮という本来の語義にぴったりくる例の方がむしろ少ないかもしれません。それなのに、新しい用語や使い方に敏感な同辞典をはじめ、その意味を加えている辞書は見つかりません。

文化庁の「国語に関する世論調査」でもこの言葉の調査は2019年時点までないようです。そこで毎日新聞校閲センターが運営するウェブサイト「毎日ことば」を使ってアンケートしました。「『壮絶』な戦いを経験した――どんな戦い?」という設問で意味を選んでもらったところ「きわめて悲惨で厳しい」24・5%、「きわめて勇ましく激しい」14・9%、「程度が甚だしく、すさまじい」53・9%、「どれでもよい」6・

８％でした。「すさまじい」という受け止め方が半数以上という結果からは、「壮絶ないじめ」などの表現が頻出する理由の一端が感じられます。

しかし、「壮」という漢字は「勇壮」をはじめ「壮大」「壮挙」「壮観」などに使われるように、盛ん・雄大・勇ましいというイメージを抱かせます。ほとんどが褒め言葉として使われますので、悲惨な体験をした人について使うのは失礼と考えるべきです。

11　他山の石

オレを見て他山の石とする言われ（宮司孝男）

毎日新聞に載った投稿川柳です。多分言った人は「他山の石」という言葉を褒め言葉で使ったのでしょうが、実はかなり失礼な言い回しということを知らなかったという、コミュニケーションギャップを端的に表した句です。

２０１３年度「国語に関する世論調査」では「他人の誤った言行も自分の行いの参考となる」「他人の良い言行は自分の行いの手本となる」の選択肢が用意され、意味を問いました。

その結果、「本来の意味」とされる前者が30・８％、後者は22・６％でした。本来の方が多いのですが、もしお手本のつもりで「先生の生き方を他山の石にします」なんて使い方をすれば大変失礼なことになってしまいます。

一方で「分からない」が35・9％と、二つの選択肢よりも多いことが話題になりました。

つまり、誤解も由々しきことですが、それ以前に言葉そのものが知られていないことも問題かもしれません。かくいう私も新聞社に入るまで知りませんでしたが。

この言葉は、中国最古の詩集『詩経』に由来します。「他山の石もって玉を攻《おさ》むべし」。よその山の粗悪な石も、自分の玉を磨くのに役立つということです。そこから「他人の誤った言行も自分の行いの参考になる」という意味のことわざとして使われるようになりました。似た意味の言葉に「反面教師」があります。「人のふり見てわがふり直せ」ともいいますね。

ところで、誤りやすいとされる「手本」としての使い方ですが、実際にはそれほど多く見かけません。それよりも、最近何度か出てきているのは「対岸の火事」「人ごと」の意味で使う例です。

例えば、不祥事に関する記事で、「他山の石とせず、すべての団体が考えてほしい」

という文章がありました。「よその失敗を反面教師として学んでほしい」という趣旨です。ですから「他山の石として……考えてほしい」の間違いです。

誤りの原因としては、「他」の字が「他人」つまり「人ごと」の意味で捉えられていることが考えられます。

「対岸の火事」と同じ意味で使うと、本来の意味で読む人は「あれっ」と不可解に思ってしまいます。文化庁はこういう用例も他山の石として注意を促してもいいのではないでしょうか。

12　追撃

例えば野球やサッカーなどの見出しで、2位や3位のチームについて「首位追撃」と使われたり、負けたチームを示す見出しで「追撃及ばず」と書かれたりします。

この使い方を反映して、『三省堂国語辞典』の第7版では、「優勢なほうを追い落とそうとすること」という意味を、本来の意味「にげていく者を追いかけて攻撃すること」の後に加えています。『新選国語辞典』（第9版）にも「スポーツでは」と断ったうえで「負けているほうが反撃をする意味に使うことがある」とあります。

負けている方について「追撃」が使われるのはなぜでしょう。勝っている側に関しては「逃げ切りを図る」という言葉があるように「逃げる」意識があり、負けている側には「今は劣勢だが、勝負はまだ終わりではない。今に逆転する」と敵を「追う」イメージがあるということが、理由の一つとして考えられます。しかし「追」の字を使いたいなら「追い上げ」「猛追」など別の語もあり、「追撃」を使う理由にはなりません。

毎日新聞では、本来の使い方を大事にしたいということで、『毎日新聞用語集』の「誤りやすい表現・慣用語句」で次のように注意しています。「『敗走する敵・劣勢にある敵を追いかけて更に攻めること』が本来の意味。スポーツなどで、先行する相手を攻めるような場面では、『追い上げ』『猛追』などと書く」

13　煮詰まる

これも取りようによって状況が逆になる言葉です。インターネットやマスコミでよく取り上げられるのでご存じの方も多いかもしれません。

2013年度の文化庁「国語に関する世論調査」で「七日間に及ぶ議論で計画が煮

詰まった」の意味を尋ねたところ「(議論や意見が十分に出尽くして)結論が出る状態になること」という本来の意味を答えた人は51・8%、「(議論が行き詰まってしまって)結論が出せない状態になること」が40・0%でした。世代の差が顕著に表れ、「結論が出せない状態になること」の割合が40代以下で5割を超えています。

毎日新聞の使用状況を調べてみると、早い例として1994年のあるテレビ演出家のコラムで、会議で結論が出ない状態の意味が記されています。もしかしたら、テレビの業界用語が次第に一般化したのかもしれません。

発端はどうあれ、正反対の受け取り方があるのは事実ですから注意して使う必要があります。若い人同士の会話なら新しい用法でも通じるでしょうが、年配あるいは不特定多数が相手だと、結論が出そうにないのに「煮詰まってきました」という言葉を使うとトラブルにもなりかねません。

14　抜け目がない

皆さんは「あなた、抜け目がないね」と言われると、どんな気持ちがしますか？私は「小ずるい」と言われたようで、いい気がしません。

『三省堂国語辞典』（第7版）の編者の一人、飯間浩明さんの『ことばから誤解が生まれる――「伝わらない日本語」見本帳』にこんな一節があります。「抜け目がない」を若い人がいい意味で使っていたという思いがけない報告の後の記述です。

新聞記事のデータベースを見ると、全国紙の地方版などに、このことばをいい意味で使っている例が散見されます。これは、校閲の目が十分行き届かず、記者のことばがそのまま出てしまったものと考えられます。

新聞の校閲の目が行き届かずなんて言われたら、放ってはおけません。毎日新聞データベースで調べると、「抜け目がない」が明らかに悪い意味で使われている例の方がむしろ少なくて二度びっくりしました。

高校野球の記事に多く、チーム紹介で「打線は下位まで抜け目がない」「内野手の動きが良く抜け目がない」という形で使われていました。前者の例はもしかしたら「切れ目がない」の書き間違いかもしれませんが、後者ははっきりと褒め言葉として使っています。

地方の野球記事は新聞社に入社して支局に配属されたばかりの若い記者が書くことが多いのですが、この使い方は若い人に限りません。１９３５年生まれのタレント、浜村淳さんの２００８年のトークライブの記録を引きましょう。

大阪の商人は抜け目がない。笑わして笑わして笑わして、相手の気持ちをほぐして商売の話はしっかり自分にええように引っ張ってくる。商売でも、交渉ごとでもうまいこと持っていくのが大阪の魅力です。

これらを「誤用」と意味の上から説明するのはそれほど易しくはありません。辞書では「抜け目」は「抜けたところ」のことですから。例えば、「抜けたところがないことはむしろ褒め言葉ではないか」と言われたら、どう反論しましょう。「いや、それはあくまで辞書の意味であって、そうは使わない」「でも、実際こんなに使われているじゃありませんか」「……」となるかもしれません。

なお、辞書によっては「抜け目」ではなく「抜け目がない」で項目を立てているものもあります。『角川必携国語辞典』では、「自分の利益になることを見のがさず、じょうずにたちまわるようす」と説明したうえで「抜け目」のみの意味を記しているのです。ただ、その語釈でもはっきり悪い意味は読み取れません。「自分の利益になることを」ということから「自分勝手」というイメージを抱くことは可能ですが、まず自分の利益を追求することは当たり前で、悪いことではないと思う人も多いかも……。もはや辞書では、褒め言葉として使う人に「駄目」と言う根拠は見いだせないのでしょうか。

いや、さすがに飯間さんの関わった『三省堂国語辞典』（第7版）では「抜け目がない」の意味として「ずるがしこく」があります。しかし、そう明記した辞書は少ないようです。

結局は「悪い意味に解釈する人がいる以上、使う人に悪気がなくても、非難めいた言葉と受け取られるかもしれない。だからうかつに使わない方がいい」と言うしかないでしょう。言い換え案としては「ぬかりがない」がいいと思いますが、その場その場に応じて最も適切と思う語を自分で判断して使うべきです。

15　破天荒

２００８年度「国語に関する世論調査」で「彼の人生は破天荒だった」の例文を示し「破天荒」の意味を聞いたところ、「だれも成し得なかったことをすること」16・9％、「豪快で大胆な様子」64・2％でした。前者が本来の意味とされています。読者からも苦言がありました。最近「型破り」と同じ意味で使われていることが多いが、そんな意味は辞書にない。「前代未聞」「未曽有」と同じ意味だ――と。

この言葉は、中国の次の故事に基づきます。

昔々荊州《けいしゅう》というところに、科挙（高等官資格試験制度）にだれも合格しないことで「天荒（人材的に不作）」と言われた地がありました。しかし、ある人物がようやく合格したことで「破天荒」つまり「天荒を打ち破った」と言われたことから、今までなかった事態が起こることを「破天荒」と言うようになったとか。

その語源をふまえ、ほとんどの辞書は「今までだれもしたことのないことをすること。前代未聞。未曽有」などの語釈となっています。

しかし、「ほとんどの辞書」と書いたということは例外の辞書も見つかったということ。『三省堂国語辞典』（第７版）にはこうあります。

①〔文〕今までだれもおこなわなかったことをおこなうようす。前代未聞。「—の快挙・—の大事業」②〔俗〕型破りで豪快なようす。「—な人」

この辞書は、新語・俗語・俗用を積極的に採用することで知られています。これに対し新聞の用語はどちらかといえば本来の用法を重視しています。『三省堂国語辞典』一つが認めているからといって、新しい使い方をおいそれと認めるわけにいきません。「破天荒」に関しても、②の〔俗〕の意味で使っているのが明らかであれば、「型破り」「豪快」などに直さなければならないと思います。しかしそうと決め付けることができる文章は必ずしも多くないのです。

例えば「破天荒の人生」という文言は、筆者がその人をどう評価しているかによって「型破りで豪快」とも「だれも成し得なかった」ともいえます。

校閲の立場では、筆者がどちらの意味で使っているか判断がつかないことが少なくありません。「破天荒の人生」のような表現は間違いという指摘がありますが、「こんな人はこれまでいなかった」と筆者が思うのであれば、誤りとはいいにくいのではないでしょうか。

ただ問題は、筆者が「破天荒」の本来の意味を知ったうえで使っているかどうかが分からないことです。前述の調査では、本来の意味が３倍以上の差をつけられています。とすると、「破天荒」の意味を誤解して使う筆者も、本来の意味を知ったうえで使う筆者の３倍くらいいるのかもしれません。

「はて、これはどちらの意味？」と読み手を悩ませることのないよう、この機会に筆者の方々が自分の「破天荒」の使い方をチェックしてほしいと思います。

16　はなむけ

例えば、ある野党議員の国会での発言です。同期の人が局長になり「局長に、はなむけの御質問をさせていただければ」と言っています。「ご祝儀代わりに」という感じで「はなむけ」という言葉が使われているようですが、いかがなものでしょう。

「はなむけ」は、旅立つ人へ惜別や激励の気持ちを込めて贈る金品や言葉なのです。昔、馬の鼻を旅立つ方向に向けて安全を祈ったことからといいます。別れる人に向けるものなので、着任したばかりの人に使う言葉ではありません。入学式や入社式で使うのも極めて不適当です。

漢字では「餞」などと書きます。「餞別《せんべつ》」の餞ですね。この漢字からも、別れの際に使う言葉だと分かります。ちなみに「花向け」は誤字です。語源からいうと「鼻向け」ですが、これも今では書く習慣がありません。新聞では平仮名で表記しています。

17 ひそみに倣う

「ひそみ」とは眉間《みけん》にしわを寄せることですが、「ひそみに倣う」は「西施《せいし》のひそみに倣う」ともいう慣用句です。以下、『成語林』（旺文社）から引きます。

（美女が眉をひそめたらその表情が美しく見えたので、醜い女がそのまねをしたという話から）事のよしあしを考えないで人まねをすることのたとえ。転じて、自分も他人に倣って同じ行動をとることを謙遜していうときのことば。

荘子が、礼儀や秩序は時代に応じて変遷するもので、孔子が固守する尚古思想はただ昔の形をまねただけで、「顰《ひそ》みに倣う」ものであると非難した。なお、「西施」は春秋時代の越《えつ》の国の美女で、越が呉に敗れる

と越王勾践《こうせん》は呉王夫差《ふさ》に西施を献上、夫差はその女色におぼれ、越はその虚をついて呉を滅ぼしたと伝えられる。

重層的な歴史を感じさせる言葉ですから正確に使いたいものです。例えば一昔前の毎日新聞に「菅首相は小泉純一郎元首相の『郵政解散』のひそみにならって、『TPP』と『消費税増税』の劇薬2本立てで勝負に打って出る気迫という」という記事が載りましたが、自分のことをいうのならともかく、菅直人さんが身の程をわきまえずにまねをすると受け取られても仕方ない、客観性に欠ける使い方でした。

余談ですが、「西施」といえば松尾芭蕉の有名な句があります。『奥の細道』で秋田県の象潟《きさかた》を訪れたときの句で、芭蕉は西施の面影を合歓（ねむ＝ねぶ）の花に見いだし、こう詠みました。

「象潟や雨に西施がねぶの花」

18　妙齢

「若い方かと思ったが、妙齢と知り驚いた」「若者ではない、妙齢の方々」

こういう「妙齢」の妙な使い方をたまに見かけることがあります。国語辞典で「妙齢」を引くと「女性のうら若い年ごろ」となっています。ですからこの文脈で使うのは奇妙です。想像するに「若いというには微妙な年齢」と思ってしまうことからこういう使い方が発生しているのかもしれません。

さらに「妙」を『日本国語大辞典』（第2版）で引いてみましょう。

①（形動）きわめてすぐれていること。人知ではかり知ることができないほどすぐれていること。言語でいい表せないほどすぐれていること。また、そのさま。②（形動）不思議なこと。奇妙なこと。奇蹟。また、そのさま。③（形動）物事を喜んだり、ほめたりはやしたてたりするときにいう近世の流行語。すてき。すばらしいこと。いいこと。また、そのさま。

「若い」という文言はありません。ほとんどが褒めちぎる言葉です。一方、『角川新字源』（改訂新版、角川書店）で「妙」を引くと、「女と、少（わかい）とから成り、年若い女、ひいて美しい意を表す」とあり、成り立ちからして「若さ」と結びついた字のようです。

日本では「妙」単独ではなぜか「わかい」意味が失われ、そして今「妙齢」からも若いという意味が希薄になろうとしているのかもしれません。

毎日新聞校閲センターのウェブアンケートによると、「妙齢の女性といったら、どの年ごろをイメージしますか？」という問いに対し「もう若いとは言えないぐらいの年ごろ」を選んだ人が56・4％、「まだ若い年ごろ」が33・9％でした。

若くないのに「妙齢」と言われて喜ぶ人はいるでしょうが、本当に若い人が「もう若いとは言えないぐらいの年ごろ」というイメージでこの言葉を捉えているとすると、「妙齢」と呼ばれた場合どんな気持ちがするでしょう。

そして、２０１９年に発行された『大辞林』第４版で見ると「重ねた年齢に見合う風格や魅力の感じられること。『五〇代から七〇代の妙齢の女性の集まり』」という記述が「若い年頃」の後に加えられていました。

例えば40代でも50代であってもすばらしい年齢と思えば使って問題ないという意見もあるようですが、70代とは、いささか仰天しました。

いずれにせよ「妙齢」はちょっと扱いにくい言葉になりつつあるのかもしれません。使う際には注意が必要です。

19　役不足

「力不足」との混用がよく話題になる言葉です。

２０１２年度「国語に関する世論調査」によると、本来の意味とされる「本人の力量に対して役目が軽すぎる」を選んだ人が41・6％、「本人の力量に対して役目が重すぎる」51・０％となり、その10年前の調査より差は縮まっているものの、後者すなわち「力不足」の意味で捉えている人の方が多いという結果が出ています。

この言葉について毎日新聞２０１７年３月16日の１面コラム「余録」から引用しましょう。

よく間違えて使われる言葉の代表ともいえる「役不足」である。役目を果たすには力不足という意味で誤用されるが、もともとは花形役者につまらない役をやらせるような場合をいう芝居の言葉だった。まるで逆の意味だけに危ない誤用である▲江戸時代の歌舞伎はよく配役でもめ、役をうまく割りふる役納めに苦労した。気ぐらいの高い役者はしばしば「役不足」を言い立てた。では、役に対して力不足という意味に誤用されるようになったのはいつごろからだろう▲国立国語研の新野直哉《にいのなおや》さんによると昭和初期の佐々木味津三《ささきみつぞう》の「右門捕物帖」での誤用が文献初出例だが、戦前は他に見つからない。戦後で最も早い例は国会の会議録にあって、これが1949年のことだった。

ここで「余録」は出典から離れますので、どういう発言だったか国会会議録で検索してみました。1949年11月11日の日本共産党議員の質問です。「私たちは倭島さんというような人たちを一々追究する意思はないのです。あなたが役不足だから追究しないのではないのです」。ここでは「力不足」と同じ意味で使われていると思われます。

これだけでは国会議員が使い始めたという証拠にはなりませんが、いずれにせよ、2013年にも「ちょっと役不足で申し訳ないんですが」と大臣の代わりに政務官が答弁するなど、国会でも世間と同じく混同された使い方が多いようです。

20 やぶさかでない

「やぶさか」はもの惜しみする様子。「やぶさかでない」という形で使います。もの惜しみしないということは、積極的にするということです。

２０１３年度「国語に関する世論調査」では「やぶさかでない」の意味として本来の意味の「喜んでする」と答えた人は33・8％、「仕方なくする」は43・7％でした。

調査で多かった「仕方なくする」の意味を認めている辞書としては、「俗に」と断っていますが『三省堂現代新国語辞典』（第6版、三省堂）があります。「そうする必要があるなら、べつに…してもかまわない、という消極的な気持ちを表す」

ところで、麻生太郎財務相は２０１８年5月11日の衆議院財務金融委員会で、福田淳一前財務事務次官がセクハラ問題で辞任したことを巡り、女性記者にはめられたとの見方があると述べたことについて追及されました。その発言について「タイミングはいかがなものかという御指摘があるのは、それはそれなりに認めるにやぶさかではありません」と述べました。

また麻生さんは、森友学園問題で財務省の決裁文書改ざんを主導した佐川宣寿元国税庁長官について「極めて優秀」と評したことを同年11月2日の衆議院予算委員会で追及され、こう述べました。「極めてというのは少々言い過ぎだというのであれば、極めてという言葉を撤回させていただくにやぶさかではありませんけれども、有能な行政官であったという点に関しては、確かだと思っております」

これらの「やぶさかではありません」はどういうつもりで使っているのでしょう。仕方なく認めたり撤回したりしているのでしょうか。それとも喜んでしているのでしょうか。一見、前者と受け取れるのですが、枝葉の部分だけは相手の言うことに積極的に従い、根本の部分は譲らないという姿勢も感じられます。つまり、全面的に陳謝はしないものの、議論を先に進めるための答弁テクニックとして「やぶさかではない」が使われているとも思えます。

いずれにせよ、「やぶさかでない」は、「べつにやってもよいが……」という消極的な印象を与えかねません。何か仕事を頼まれたとき、積極的にやりたい意思を伝えるのにふさわしい言葉とはいえないでしょう。円滑なコミュニケーションのためには、両様に取れる言葉を避けることも大事ではないでしょうか。

おわりに

2020年大相撲初場所で幕尻（幕内最下位）にもかかわらず優勝した徳勝龍関が、インタビューで開口一番「自分なんかが優勝していいんでしょうか」と言って笑いを取りました。翌日の記者会見では「優勝させてもらった」という発言もありました。ちょっとまねしてみます。私なんかが『失礼な日本語』なんて本を出させていただいてよろしかったのでしょうか。

――いや、自分で書いていて、これはないなと思いました。謙遜も過ぎると逆に無礼。ほどほどにしなければなりません。徳勝龍関はその点、嫌みにならない自然なちゃめっ気で和ませてくれました。

本書の「いわゆる差別表現」の中で「校閲なんか」の「なんか」について取り上げましたが、これらのように自分で言う場合はともかく、他人について言うと失礼になる語は日本語にたくさんあります。

以前、安倍晋三首相の言葉を毎日新聞校閲グループ（現校閲センター）のブログで批判したところ、読者から「校閲ごときが」という反応をいただきました。「ごとき」を辞書で引いてみますと「ごとし」の連体形ということです。では「ごとし」の意味は？「…に似ている」「…のようだ」などと大概の辞書は記しています。

ということは、私はまぎれもなく校閲を職にする者でありながら「校閲のような者」ということなのか？　グサッ。いまだに校閲まがいの仕事しかできていないことを鋭く突かれてしまいました。

――いや、そういう趣旨じゃありません。これは明らかに差別発言です。『日本国語大辞典』（第2版）には「④体言、特に代名詞あるいは人名に付いて『…ごとき』の形で用いて、さげすみや、謙遜の表現に用いる」とあります。

でも、「ごとき」も「なんか」も、おそらく元は差別とは関係ない言葉だったのに、どうしていやしめるニュアンスが生まれてしまったのでしょう。

これらに共通するのは「似たようなものがある」というニュアンスです。それがたくさんあるほど、その中の一つの価値は失われます。だから、自分が言うと謙遜、他人が言うと見下すニュアンスとなったのかもしれません。自分が差し上げる物を「粗品」とか「つまらないものですが」と言うのと似ています。

ところで最近、新聞で「うるさ型のご隠居風情が」という表現を見て面食らいました。「風情」も、本来は「風情のあるたたずまい」など情趣に満ちた言葉のはずですが、「名詞、特に人名や代名詞に付いて、それをいやしめ、または、へりくだる意を添える」(『日本国語大辞典』第2版)という使い方もあります。「町人風情が」という時代劇の武士の捨てぜりふなどがそれに当たります。

しかし、亡くなった評論家を悼む文章ですから、悪口ではないようです。ということは「名詞に付いて、…のようなもの、…に似通ったもの、…の類、などの意を添える」(同)という意味で「ご隠居のような雰囲気の人」と言いたいのでしょうか。仮にそうだとしても、いったん染みついた侮蔑表現のイメージがある以上、それと誤解させる表現は失礼です。「ご隠居然とした」などとしたほうがよかったと思いました。

「愚直」もそう。最近は「こつこつと努力する」というニュアンスで使われることが多いのですが、「愚」の字が示すように本来は「ばか正直」ということですから、自分のことをいうならともかく、他人をこの語で評するのは失礼。「実直」が適切です。

――このように「失礼」というキーワードで考え出すと終わらなくなります。これだけ失礼の意味を含む言葉が多いのですから、一度も失礼な言葉を使ったことがない日本人なんていないと思います。言った本人が後で「しまった」と後悔するならともかく、失礼だと気付かないまま使ってしまうことも多いのではないでしょうか。

そんなとき、周りの人が教えてあげることが大事です。

最近もメールで「よろしくご査証ください」と書いて出した私は先輩から「査証って何を証明するんだよ」と指摘してもらいました。「査証」を辞書で引くと「調査して証明すること」「旅券の裏書証明。ビザ」などと書いてあります。私の場合、「チェックしてください」というつもりでしたので「よく調べた上で受け取ること」という意味の「査収」を使うべきでした。辞書の用例も「ご査収願います」となっています。「ご査証願います」は見当たりません。

間違いに気付かせていただくのは大変ありがたいことです。ですからこの本も、至らぬ点はご指摘くださいますよう、よろしくお願い申し上げます。

最後になりますが、毎日新聞ニュースサイトでの連載漫画「跳べ！イトリ」でもお世話になった挿絵の伊藤ハムスター様、軽妙な絵をありがとうございます。また、ポプラ社の村上峻亮様、校閲してくださった皆様に改めてお礼申し上げます。

２０２０年2月1日　岩佐義樹

＊本書は、二〇一七年三月に小社より『毎日新聞・校閲グループのミスがなくなるすごい文章術』のタイトルで刊行した書籍を、改題、再構成、大幅に改稿・加筆し、新書化しました。

イラスト　伊藤ハムスター
カバーデザイン　フロッグキングスタジオ
校正　東京出版サービスセンター
ＤＴＰ　アレックス

岩佐義樹
いわさ・よしき
毎日新聞社校閲センター前部長。1963年、広島県呉市生まれ。早稲田大学第1文学部卒業後、1987年、毎日新聞社に校閲記者として入社。用語委員会用語幹事などを務める。毎日新聞校閲センターが運営するウェブサイト「毎日ことば」や、『サンデー毎日』の連載コラム「校閲至極」などに言葉に関する文章を随時掲載。著書に『春は曙光、夏は短夜 季節のうつろう言葉たち』(ワニブックス)など。なお毎日新聞校閲センターでは Twitter (@mainichi_kotoba) などを通し、言葉に関するアンケートを実施している。新聞記事の制作過程における、実際に校閲記者が入れた赤字(誤り)の解説も人気。

ポプラ新書
190

失礼な日本語

2020年3月9日 第1刷発行

著者
岩佐義樹

発行者
千葉 均

編集
村上峻亮

発行所
株式会社 ポプラ社
〒102-8519 東京都千代田区麹町4-2-6
電話 03-5877-8109(営業) 03-5877-8112(編集)
一般書事業局ホームページ www.webasta.jp

ブックデザイン
鈴木成一デザイン室

印刷・製本
図書印刷株式会社

N.D.C. 816/222P/18cm ISBN978-4-591-16643-7

P8201190

生きるとは共に未来を語ること　共に希望を語ること

昭和二十二年、ポプラ社は、戦後の荒廃した東京の焼け跡を目のあたりにし、次の世代の日本を創るべき子どもたちが、ポプラ（白楊）の樹のように、まっすぐにすくすくと成長することを願って、児童図書専門出版社として創業いたしました。

創業以来、すでに六十六年の歳月が経ち、何人たりとも予測できない不透明な世界が出現してしまいました。

この未曾有の混迷と閉塞感におおいつくされた日本の現状を鑑みるにつけ、私どもは出版人としていかなる国家像、いかなる日本人像、そしてグローバル化しボーダレス化した世界的状況の裡で、いかなる人類像を創造しなければならないかという、大命題に応えるべく、強靭な志をもち、共に未来を語り共に希望を語りあえる状況を創ることこそ、私どもに課せられた最大の使命だと考えます。

ポプラ社は創業の原点にもどり、人々がすこやかにすくすくと、生きる喜びを感じられる世界を実現させることに希いと祈りをこめて、ここにポプラ新書を創刊するものです。

未来への挑戦！

平成二十五年　九月吉日　　株式会社ポプラ社